NIKKEI BUNKO
日経文庫

損害保険の知識〈第3版〉

玉村勝彦

日本経済新聞出版社

まえがき

一八七九年にわが国で最初の損害保険会社である東京海上保険会社が創業されて以来、わが国の損害保険は百三十余年の歴史を有しています。その間、損害保険は時代の変化とともに発展し、国民生活や経済活動の隅々にまで普及しました。社会の発展は、私たちの生活を豊かにする反面、私たちを取り巻くリスクをますます巨大化・多様化・複雑化させています。企業や個人がこのようなリスクから経済活動や生活を守るために、損害保険は今や欠かせないものになっています。

金融ビッグバン以降、損害保険は自由化・規制緩和のフロントランナーになり、自由化は急速に進み、損害保険会社の再編も進みました。現在は、歴史的に見ても、損害保険の大きな転換期を迎えているといって過言ではありません。かつては規制産業であった損害保険事業は新たな競争の時代を迎え、損害保険市場は今後とも大きく変貌していくことが予想されます。

本書は、損害保険に関心を持っている方々を対象に、損害保険の基本的な仕組みや知識について極力平易に説明するとともに、自由化・規制緩和によって何が変わったか、何が変わろうとしているのか、という点についても理解していただけるように、という意図をもって執筆しました。より多くの皆さんに損害保険に対する理解を深めていただくとともに、自由化・規制緩和が消費者や損害保険市場にどのような影響を与えるかについて、何らかの示唆を提供することができれば筆者にとって望外の喜びです。

本書の執筆にあたっては、極めて多くの方々のご指導・ご協力をいただきました。特に東京海上日動火災保険株式会社、東京海上ホールディングス株式会社および株式会社東京海上研究所の方々には、資料提供をはじめ、たくさんの貴重なアドバイスをいただきました。厚くお礼を申し上げるとともに、本書の意見にわたる部分は筆者個人の見解であることを申し添えます。

二〇一一年四月

玉村　勝彦

目次

COFFEE BREAK

Ⅰ　損害保険とは何か

1　万一の損害に備える

(1)　私たちの生活とリスク

私たちの経済生活は、個人・企業を問わず数々の不確実性の下にあり、常に、思いがけない事故や災害などにより経済的損失を被る可能性にさらされています。このような、損失を発生させる不確実性を「リスク」といいます。我々を取り巻くリスクはまさに多種多様ですが、その内の一部として、例えば次のようなものが考えられます。

①個人の場合

・病気やけがにより、死亡する、働けなくなる、あるいは治療費がかかるリスク
・自動車事故によって、他人を死傷させたり、他人の財物を損傷し、損害賠償責任を負うリスク
・火災・地震・洪水・風災で、住んでいる住宅や家財が、損壊、焼失、流失などにより滅失するリスク
・高齢になって、寝たきりになり、介護費用がかかるリスク

②企業の場合

・工場や営業設備が火災・地震・洪水・風災で滅失し、再建築費や修繕費がかかるリスク
・上記の理由によって、事故がなければ得られたはずの利益が喪失するリスク
・船舶が海難事故に遭い、船舶や輸送中の製品や原材料が滅失・損傷するリスク
・施設の設置や管理上の不備などによって、あるいは製造・販売した商品の欠陥のために、第三者に対して損害賠償責任を負うリスク
・従業員が作業中に負傷して、労災上の補償をしなければならないリスク

文明・社会の発展、技術の進歩は、我々を取り巻くリスクをますます巨大化、多様化、複雑化させています。また、最近では、権利意識の高揚と自己責任原則の浸透によって、損害賠償制度を利用しようという動きが顕著になっています。我々は、いつ第三者に損害を与え、賠償責任を負うかわからない時代になってきています。製造物責任や、環境汚染といった問題もありますし、情報通信技術の発達や金融技術の進歩もあり、万一不測の事態が発生したときに、どれほどの損害があるかすら計り知れません。

(2) リスクの種類

リスクは、純粋リスクと投機的リスクに分類できます。純粋リスクとは、火災、交通事故、あるいは死亡といった事実のように、損失のみを発生させるものです。一方、投機的リスクとは、株式投資などのように、損失を発生させるとともに、利益をもたらす可能性のあるものをいいます。企業経営そのものも、投機的リスクであるということができます。

これらのリスクは、いずれも金銭的もしくは経済的なリスクですが、精神的・感情的な損害を被るリスクもあります。家庭不和、子供の非行など様々なケースが考えられます。もちろん、このような事象が生じると精神的ダメージも生じますが、精神的・感情的な損害は金銭的・経済的な補償では償い得ないものですから、保険の対象としては不適格です。

(3) リスクの処理

日本をはじめ資本主義諸国は、私有財産制度を基礎にした経済体制がとられており、おのおのの経済主体は自己責任原則において行動することが求められています。リスクに対する対応も、一部公的な救済措置が期待できるケースはあるものの、基本的には自己責任（自助努力）において処理しなければなりません。

リスクに対する対処の仕方としては、次の四つが考えられます。

①リスクの回避

リスクが実現しないように、リスクが生じる可能性のある行動そのものを避けることをいいます。しかし、回避するばかりでは、積極的な生活や企業活動はできませんし、多種多様なリスクが身の回りにある今日では、リスクの完全な回避は極めて困難です。

②リスクの除去・軽減

リスクを積極的に予防し、その発生頻度を減少させるよう努力すること、また、万が一リスクが実現した場合に、その損害を最小限に食い止めるように軽減することです。

③リスクの保有

リスクを自ら抱え込むことをいいます。これには、自らがそのリスクの存在に気付かず何ら対応手段を講じないケースと、リスクを認識しながら、手段がない等の理由で対応できないケース、あるいは見込まれる損失が小さいなどの理由で故意に対応しないケース等が考えられます。リスクの保有の方法としては、単に保有する（何の手段も講じず、損害が発生したら自己資金でまかなう）、貯蓄などのようにあらかじめ資金を積み立てておく、自家保険、キャプティブ（三〇ページ参照）といった方法があります。

④リスクの転嫁

リスクを第三者に負担させる方法です。

我々が実際に、リスクの回避、リスクの除去・軽減、あるいはリスクの保有ができれば、問題は少ないのですが、今日の巨大化、多様化、複雑化する現在のリスクへの対処方法としては、現実的な方法ではありません。保険は、これらの対処方法のうち、リスクの転嫁方法の代表的なものといえます。

(4) 損害保険とは

損害保険とは何か、という絶対的

COFFEE BREAK

保険という言葉

わが国で保険という言葉が使われ始めたのはそう古いことではないようです。現代的な保険に関するわが国最初の文献は福沢諭吉の『西洋旅案内』(1867年刊) だとされていますが、そこでは insurance を「災難請合の事　イシュアランス」と紹介しています。当時はまだ保険という訳語ができておらず災難請合としていたのでしょう。ちなみに『西洋旅案内』では災難請合には、生涯請合、火災請合、海上請合の3通りがあると紹介しています。その12年後の1879年にはわが国最初の保険会社、東京海上保険会社が設立されていますから、明治の初期に保険という言葉が一般化したものと思われます。

中国語では保険とはもともと「要害の地に立てこもること、険要の地を保つこと」という意味だったようです。「保険自守、此示弱也」(魏志鄭渾伝) と書かれた文献もあります。その後、19世紀半ばに上海や香港で出版された『英華字典』では assurance を保険と訳しています。わが国は、中国からこの用法を輸入したものと思われます。

な定義があるわけではありませんが、例えば以下のように表現できるでしょう。すなわち、損害保険とは、「同種のリスクを負担している加入者が統計学的な基礎によって算出された一定の拠出（保険料）を行うことによって、偶然な事故による損失に対しその程度に応じてお金（保険金）を受け取ることができるという経済制度」です。「小さな負担で大きな安心」という保険会社のコピーを見かけることがあります。保険契約者から見れば、少額の保険料で高額の補償が得られるのです。

では、なぜこのような制度が可能になるか考えてみましょう。保険は「大数（たいすう）の法則」の上に成り立っているといわれています。個々の人が今日これから、あるいは明日、火災に遭ったり交通事故を起こしたりするかどうかは全く偶然で予見できません。しかし、個々人にとって偶然であるこうした事故も、極めて大きな集団でデータを集めると、一定期間中に事故が発生する確率を（例えば一万分の一というように）一つの数字としてとらえることができます。

大数の法則を説明する際に、しばしばサイコロの話が出ます。サイコロを例えば一〇回振って、一の目が出る回数には相当バラツキがありますが、一〇〇回、一〇〇〇回と反復していくと、その確率は限りなく六分の一に近付いていきます。すなわち、保険の対象になるのは個々人にとって偶然な事故であっても、集団全体で見れば一定の確率で生じることが予見できることが、保険が制度として成立する必要条件になります。集団全体での損失額を予測して、その額を集団各人が公平に負担すれば、（加入者の不正意図がない限り）全員が万一の事故の損害に対して備えることができ、少額の負担で、リスクへの対応が可能になるわけです。逆にいえば、大数の法則が適用できるような大量の集団がなく、あるいは、そこから合理的な一定確率が導き出せなくては、合理的に保険は成り立たないことになります。

こうした性質から保険については「一人は万人のために、万人は一人のために」の制度といわれています。ただし、現代の損害保険は、こうした相互扶助的な精神のための制度というよりも、個々の加入者の自助のための制度という色彩が強くなってきているともいえるでしょう。

2　損害保険の仕組み

(1) 保険契約の当事者等

保険契約には、契約の当事者である保険者と保険契約者のほか、関係者である被保険者がいます。保険者とは、報酬（保険料）を受け取り、危険を引き受ける者をいいます。理論的には、保険者には個人・法人を問わず誰でもなれることになりますが、日本をはじめ主要先進国では監督官庁の免許が必要とされていることもあり、保険者はいずれも法人（株式会社・相互会社）であり「保険会社」といわれています。外国の保険会社で、日本に支店もしくは代理店を置いているケースもあります。

保険契約者とは、保険者と保険契約を締結する一方の当事者であり、保険料の支払義務を負う者です。保険契約者は個人でも法人でもかまいません。

事故が発生した場合、経済的損失を被る可能性のある者を被保険者といいますが、被保険者と保険契約者は必ずしも同一人物とは限りません。例えば所有者のために賃借人が火災保険を契約したり、父親が息子のために自動車保険を契約したりする場合がこれにあたります。被保険者は保険事故による損害が発生した場合、保険金を受け取る権利を有します。

(2) 保険料と保険金

保険契約者が、保険契約によりリスクを移転する対価として保険者に支払うのが「保険料」です。事故が発生したときに、保険者から保険契約者もしくは被保険者に支払われるのが「保険金」です（図1－1参照）。

図1－1　損害保険料の構成

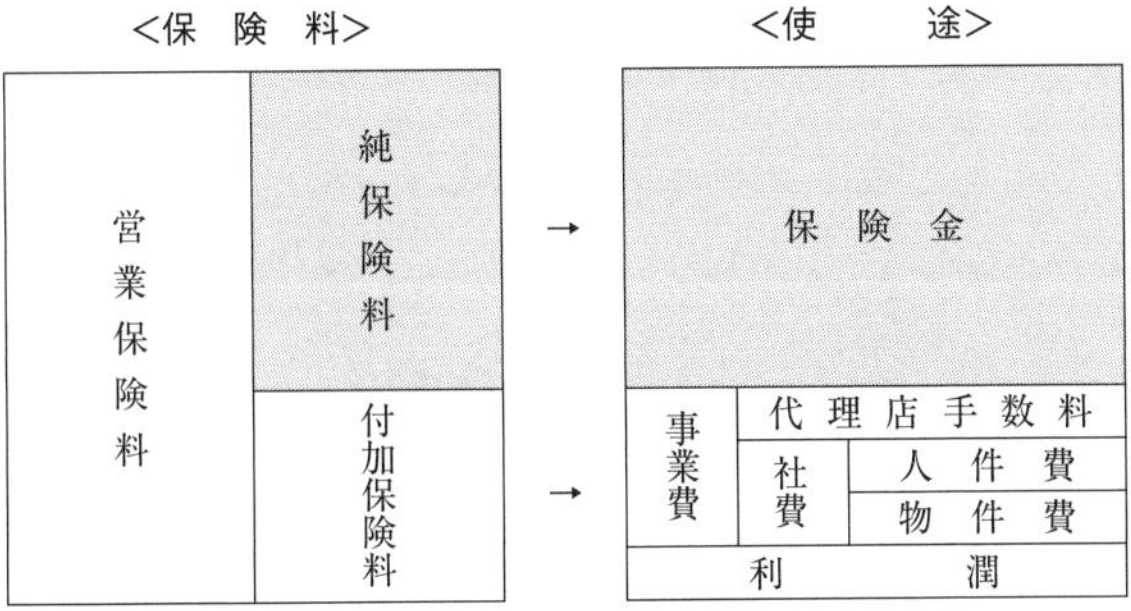

保険料は、純保険料の部分と付加保険料の部分の二つに分かれますが、両者の合計を営業保険料ということもあります（積立保険についてはさらに積立保険料の部分が上乗せされます）。

純保険料は損害保険会社の保険金支払いのファンドになる部分で、損害発生の頻度や損害額等の統計的データに基づいて算出されます。被保険者は保険事故発生の際、このファンドから保険金の支払いを受けることになります。損害保険は大数の法則の下で成り立っている制度であると説明しましたが、例えば、一〇〇〇万円の家を持っている保険契約者が一〇万人いて、その集団の一年間の火災発生確率が一〇〇〇分の二であるケースを想定します（ここでは家が全焼するケースのみを想定します）。この場合、一年間の火災による損害額は一〇〇〇万円×一〇万件×2/1000＝二〇億円ということになります。これを一〇万人で分担すれば、一人当たりの年間負担額は二万円になります。これが純保険料の金額です。保険契約者が支払う純保険料の総額は、事故発生により保険契約者・被保険者に支払われる保険金の総額と等しくなることが保険制度の基本とされており、これを「収支相等の原則」といいます。

実際に保険契約者が支払う保険料には、純保険料に付加保険料が加わります。付加保険料は代理店が受け取る手数料と損害保険会社の経営に必要な経費（社費といいます）等に充てられる部分です。

(3)　保険事故

発生したときに保険者の保険金支払義務が具体化するような事故を保険事故といいます。自動車事故、火災、風水災、海難事故などが典型的な例です。保険事故は、自然的な事象であることも、人為的な事象であることもありますが、偶然な事象（事故）であることが要件です。偶然とは、損害保険契約の締結時において、被保険者にその事故の発生することと発生しないことがいずれも可能であること、すなわち事故の発生・不発生について、保険者・保険契約者・被保険者のいずれもが知らないことをいいます。損害保険契約では、どのような事故を保険事故とするかを、個々の契約ごとあるいは保険商品ごとに、あらかじめ定めています。

(4) 保険期間

損害保険契約とは、ある一定期間内に生じた保険事故による損害を補償する契約です。損害保険会社が責任を負うべき期間を保険期間といいます。保険期間内に保険事故が発生すれば損害保険会社は保険金を支払う責任を負いますが、期間外に発生した保険事故については、責任を負いません。保険期間は通常、○年○月○日○時から○年○月○日○時まで、あるいは○年○月○日○時から一年間、などと日時で決めるのが一般的ですが、貨物保険の航海建保険（貨物が一定の場所を離れたときに保険期間が開始され、一定の場所に搬入されたときに責任が終了する）のように、事実をもって定めているケースもあります。

なお、一般的には、損害保険会社は保険期間内であっても保険料の領収前に発生した保険事故については、保険金の支払対象にはならない旨が保険約款で定められています。これを、保険料前払主義あるいは保険料領収前免責といいます。このように、保険契約と同時に保険料を全額徴収しなくてはいけないという原則を「保険料即収の原則」ということがあります。なお、保険料分割払契約など特に約定がある場合には、この原則は適用されません。

(5)　被保険利益

保険事故発生の客体となるものを、保険の目的、もしくは保険の目的物といいます。火災保険における建物・家財、船舶保険における船体などがこれにあたります。

保険の目的について保険事故が発生するか否かについて、被保険者が有している経済的な利益を被保険利益といいます。例えば、住宅が火災により焼失した場合、住宅の持ち主である家主は経済的な不利益を被ります。この場合家主はその住宅に被保険利益を有しており、被保険者として、そのリスクを保険でカバーすることが考えられます。一方、家主とは無関係の第三者はその住宅に被保険利益を持ちませんので、被保険者にはなり得ないことになります。このように損害保険契約が有効であるためには、被保険利益の存在が必要です。これは、保険は後述する賭博とは異なるためです。

(6)　保険価額と保険金額

保険契約の対象である被保険利益の経済的価値の評価額を保険価額といいます。建物に付ける火災保険であればその建物の評価額（例えば三〇〇〇万円）が保険価額になります。すなわち保険価額とは事故が発生したときに被保険者が被る可能性のある最大の損失額といえます。

図１－２　保険価額と保険金額

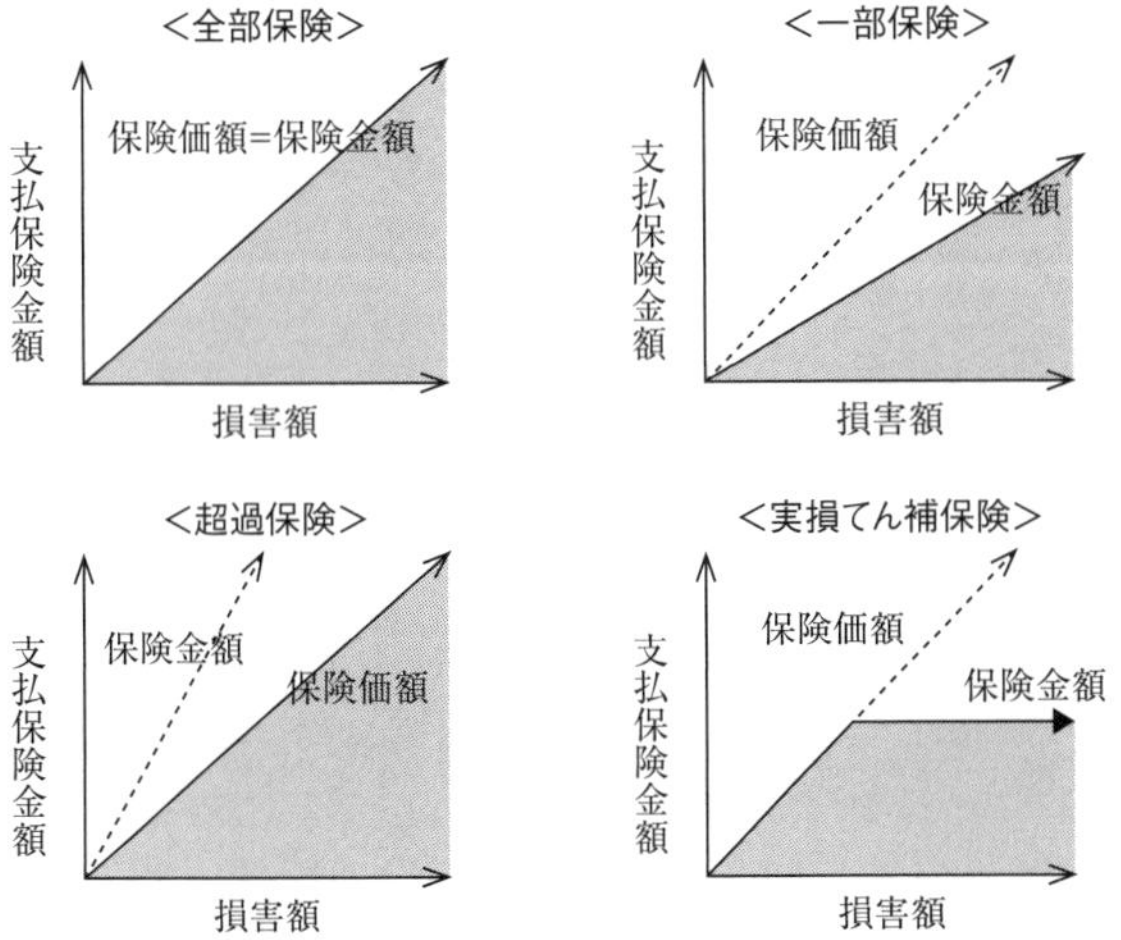

これに対して、損害発生時に保険者が負担する保険金支払責任の最大限度額として、あらかじめ保険契約上定めた金額を保険金額といいます。先ほどの三〇〇〇万円の建物に二〇〇〇万円の保険を付けた場合、保険価額は三〇〇〇万円、保険金額は二〇〇〇万円ということになります。損害保険は被保険者が実際被った損害をカバーするのが目的ですから、実際の損害額が保険金支払いの限度となります。また、被保険者が保険価額を超えた損害を被ることはあり得ません。こうして考えると、損害が発生した場合、支払われる保険金は、実際損害額、保険価額、保険金額のうち、最も低い額であることがわかります（図１－２参照）。

保険価額と保険金額とは一致する場合としな

い場合があります。一致する場合、言い換えると保険価額一杯に保険金額を設定した場合を「全部保険」といい、この場合は発生した損害額全額が保険金として支払われます。

保険金額が保険価額を下回っている場合を「一部保険」といいます。これには、保険契約者が当初から意図的に保険金額を低くする場合と、契約締結後の物価騰貴等による場合とがあります。この場合には、損害額の全額の保険金は支払われず、支払保険金＝損害額×(保険金額／保険価額)ということになりますので注意が必要です。これを比例てん補といいます。例えば、保険価額三〇〇〇万円の建物に、保険金額二〇〇〇万円の保険を付け、一五〇〇万円の損害が生じた場合の支払保険金は、一五〇〇万円×(二〇〇〇万円／三〇〇〇万円)＝一〇〇〇万円になります。

逆に保険金額が保険価額を上回っている場合がまれにありますが、これを「超過保険」といいます。損害保険の目的はあくまでも損失額の補償であって、保険金が支払われることによって利益を得ることは許されません。これを「利得禁止の原則」といいますが、保険による利得を禁止するために超過保険の超過部分は無効とされており、保険金は実際損害額の範囲でしか支払われません。さらに、一つの保険の目的について、被保険利益・保険事故が同じで、保険期間も重なるような複数の保険契約が併存するケースがあります。これを重複保険といいます。保険金額の合計が保険価額を超過した場合には超過保険と同じ扱いになります。この場合、各損害保険会社が保険金額の割合により損害額を分担することになります。

なお、一部保険において比例てん補の適用を行わず保険金額を限度として損害額を全額てん補する契約もありますが、これを実損てん補保険といいます。

(7) 損害保険成立の要件

以上、損害保険の仕組みを簡単に説明しました。損害保険はリスクに対応するための有効な手段ですが、必ずしもあらゆるリスクに対応できるわけではありません。損害保険の成立にはいくつかの要件があります。

損害保険は大数の法則に基づいている制度ですが、大数の法則が成立するような多数の保険契約者の存在が損害保険成立の要件になります。同種同質のリスクに対する保険契約者が少数の場合、損害保険は成立しません。先ほどの火災保険のケースで、契約者が二、三〇人集まっただけでは、実際に事故が発生した場合、一〇〇〇万円の損害の分担が不可能になります。

同種同質のリスクに対する保険契約者が多数の場合でも、事故が多数の保険契約者に同時に発生し、大きな損害をもたらすような可能性があり、損害保険会社のリスクに耐え得る許容力を超えるようなケースでは、損害保険は成立しません。例えば、地震、広域公害、戦争などのリスクが発生した場合、その損害は一時に巨額になるおそれがあり、損害保険会社の経営上負担が大きすぎることになります。

さらに、損害保険の対象となるリスクは、一般的には経済的な金額が客観的に測定できることが前提になります。したがって、精神的・情緒的・心理的な苦痛のような経済的損害以外の損害は、客観的な測定ができないので保険の対象になりません。例えば、どんなに思いがこもっている親の遺品などに損害保険をかけていても、通常の市場価格以上の保険金は支払われませんし、ラブレターなども保険の対象になり得ないわけです。また損害保険会社は、過去の統計・トレンドなどから将来の事故発生頻度・確率を予測・見積りを行い保険料を算出しますが、それができない種類のリスクに対しても通常は損害保険は成立しません。例えば、技術革新や流行の変遷に伴う陳腐化のリスクなどは、リスクの金額どころかいつ起こるかすら予測困難で、保険の対象にはなりません。

なお、当然のことながら、公序良俗に反するような保険は成立しません。例えば、賭博で負けた損失に対する保険や、自動車のスピード違反の罰金を補償するような保険は成立しません。

図1－3　保険と貯蓄

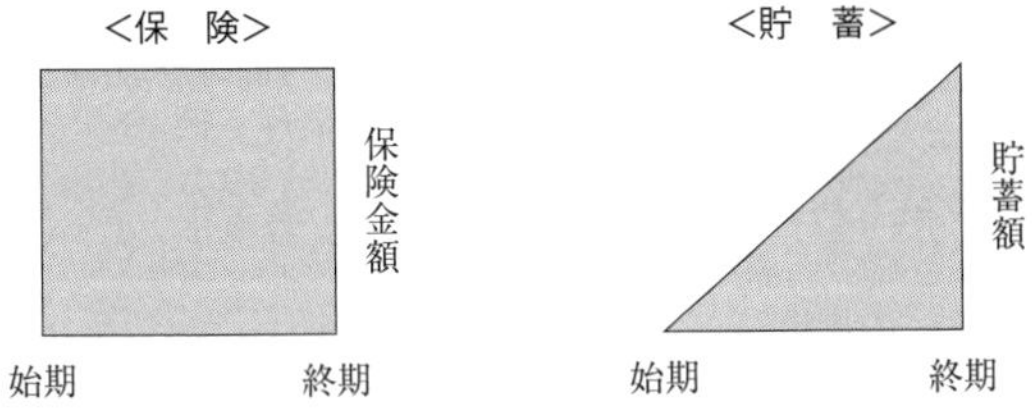

(8)　類似の制度

世の中には、保険と似て非なる制度がいくつか存在しています。以下それらを見ていきましょう。

①貯蓄

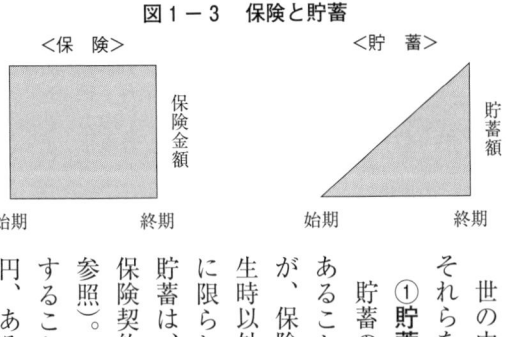

貯蓄の大きな目的の一つが、保険と同じく将来の危険に備えることにあることは、共通の認識でしょう。しかし、貯蓄は一人でもできますが、保険は多数の保険契約者の存在が前提になりますし、貯蓄は危険発生時以外の自由な使途が認められますが、保険金の支払いは事故発生時に限られます。しばしば、「貯蓄は三角、保険は四角」といわれます。貯蓄は、蓄積した元金に利息を加えた額しか利用できませんが、保険は保険契約と同時に一定の保険金額相当額の補償が得られます（図1－3参照）。一方、貯蓄は目標達成以前に事故が発生すれば必要金額を確保することはできません。また、交通事故の損害賠償金のように何千万円、あるいは億円単位の金額を貯蓄でまかなうのは現実的ではありませんから、リスク対応手段としては保険の方が断然優れているといえま

しょう。

②保証

主たる債務者が債務不履行の場合に、これに代わって保証人が債務を履行する責任を負うことを保証といいます。保証には債務保証のほか、身元保証、品質保証などもありますが、いずれも保証人と非保証人のみの関係で、多数の契約者の参加を前提にしていない点で保険とは異なります。しかし、個別の保証では保険にはならないこうした行為も、リスク集団が多数になれば保険の対象になります。住宅ローンを対象にする保証保険、身元保証に代わる信用保険などがこれにあたります。最近ではデリバティブや資産担保証券（ＡＢＳ）に対する保証も盛んになってきており、今後保証分野の需要はますます盛んになることが見込まれています。

③賭博・富くじ

多数の拠出者によるファンドを、偶然の事実によって少数の者に分配するという点で、賭博・富くじと保険とは一見似ていますが、賭博・富くじは、利益を得る目的であるのに対して、保険は被った損害に対して原状回復するのが目的ですから、目的と機能において両者は完全に異なります。

④自家保険

多数の工場を持つメーカーや、多数の船舶を所有する海運会社、多数の車両を有する陸運会社等が、自社の中に保険料相当額を積み立てて、事故の場合の資金に充当することがあります。これを自家保険といいますが、企業内の準備金制度であり、本質は貯蓄の一類型に他ならず、保険という名は付いていますが、実態は保険とは全く異なります。

近年、メーカーなどの企業集団が、その傘下にキャプティブといわれる保険専門会社を設立し、グループ内企業や団体のリスクを引き受けることがあります。キャプティブはバミューダのような税制上有利な場所に設立されることが多いようです。形式上は多くのグループ内企業・団体というリスク集団があり保険の形はとっていますが、実態は自家保険の一種ということができるでしょう。

⑤共済

特定の職場や特定の地域で働く人で構成する団体が、構成員の福利厚生、経済的安定向上を名目として、死亡、傷害、交通事故、火災等の際に一定の給付を行う相互扶助事業を営むことが、日本では広く行われています。共済を行う主体としては、農業協同組合法に基づく全国共済農業協同組合連合会（全共連）、消費生活協同組合法に基づく全国労働者共済生活協同組合連合会（全労済）といった規模の大きいものから、任意団体が行うものまでまちまちで、根拠法も所管官庁もバラバラです。

共済は保険に比較して次のような特徴があります。

・共済の加入者・構成員は地域・職域に限定されている
・保険金に相当する共済金は見舞金的な色彩が強い
・募集組織を有しないものも多い

共済は、保険とは一線を画しているといわれてはいますが、極めて安価な会費で加入できる組合も多く、規模的に見ても、その実態は何ら保険と変わるところはないものが多いことも指摘されています。

しかしながら、後で説明するディスクロージャーや安全ネットなどの面で、保険と同様な契約者保護がなされていない、税制面（法人税）等で共済の方が優遇されている、といった相違もあり、根拠法や所管官庁も含めて、少なくとも消費者保護という視点で、保険と共済の一元的な取扱いが必要であると考えられます。

3　損害保険と生命保険の違い

(1)　保険法上の分類

以下、損害保険と生命保険の関係について見ていきましょう。わが国の保険法は損害保険と生命保険をおのおの以下の通り定義しています。

・**損害保険契約**　保険契約のうち、保険者が一定の偶然の事故によって生ずることのある損害をてん補することを約するものをいう。（保険法第二条第一項第六号）

・**生命保険契約**　保険契約のうち、保険者が人の生存又は死亡に関し一定の保険給付を行うことを約するもの（傷害疾病定額保険契約に該当するものを除く。）をいう。（同第八号）

保険業法においても、損害保険とは「一定の偶然の事故によって生ずることのある損害をてん補することを約し、保険料を収受する保険」（保険業法第三条第五項第一号）、生命保険とは「人の生存又は死亡（略）に関し、一定額の保険金を支払うことを約し、保険料を収受する保険」（同第四項第一号）と保険法と同様の規定をしています。

再三説明しているように、損害保険とは被保険者に生じた損害を原状回復する保険です。保険法・保険業法の損害保険の規定もその考え方に立っています。一方、事故が発生したときに、あらかじめ定められた一定の金額の保険金を支払う保険を定額保険といいます。その意味で損害保険は非定額保険であり、それに対応する概念は定額保険です。

保険法・保険業法は生命保険について、保険金支払いの事由となる対象を人の生死と規定しています。事故発生の客体が人である保険を人保険といいますが、人保険に対する概念は物保険あるいは財保険です。

(2) 第三分野

交通事故が激増していく時代を反映し、傷害保険・医療保険のような必ずしも人の生死を対象にしない人保険である保険へのニーズが高まってきています。また、高齢社会の到来に伴って、介護保険分野も注目されています。こうした損害保険と生命保険の中間にある傷害・疾病・介護保険分野を第三分野といいますが、損害保険会社、生命保険会社にとって、一つの主力分野になりつつあります。こうした中で、一九九六年に施行された新保険業法では、第三分野について、以下の通り定義づけています。

「次に掲げる事由に関し、一定額の保険金を支払うこと又はこれらによって生ずることのあ

る当該人の損害をてん補することを約し、保険料を収受する保険
イ　人が疾病にかかったこと
ロ　傷害を受けたこと又は疾病にかかったことを原因とする人の状態
ハ　傷害を受けたことを直接の原因とする人の死亡（以下略）」（保険業法第三条第四項第二号）

第三分野については、法律上は損害保険会社・生命保険会社いずれもが取扱いができるようになっています。

Ⅱ　生活と結び付いた損害保険

1　家計と損害保険

海上保険や火災保険からスタートした損害保険制度ですが、文化・文明の発展、経済社会の変容とともに、損害保険の種類も多様性を増し、現在では私たちの生活の隅々にまで行き渡っています。以下、私たちの生活を取り巻く種々の損害保険について主なものを、家計分野対象のものと、企業分野対象のものに分けて見ていきましょう。

後述の通り、損害保険産業は自由化の時代に入り、各損害保険会社より、新しい独自商品が続々と発売されています。こうした新たな動きについてはⅥ章に説明を譲り、本章では損害保険の基本的な商品について説明することにします。

(1)　自動車保険

自動車保険は、自動車を対象にして、その所有・使用・管理に関する各種のリスクをカバーするものであり、現在では、各損害保険会社の主力商品になっています。自動車を取り巻くリスクには様々なものがありますが、自動車保険は以下のような保険の種類から成り立っています。

①対人賠償責任保険

相手の自動車に乗っている人や、歩行者、あるいは自分の自動車に乗っている他人に対して、死亡させたりけがをさせたりした結果、法律上の損害賠償義務を負った場合に、次項の自動車損害賠償責任保険（自賠責保険）で支払われる金額を超える部分に対して支払われる保険です。この保険は自賠責保険の上乗せの保険として、契約者の事故賠償資力を高め、被害者救済にも役立つものです。

保険金額は、被害者一名について、その上限額を定める方式に加え「無制限」とする方式がありますが、一事故当たりの損害額はいずれも無制限となっています。

なお、発生した事故について、被害者に全く過失がない場合は問題ありませんが、被害者にも過失があった場合は、加害者がすべての損害を負担するのは適当ではなく、被害者の損害額から過失割合の部分が控除された金額が法律上の損害賠償義務となり、保険金もその金額が控除されて支払われます。これを「過失相殺」といいます。過失割合は、道路の状況、加害者・被害者双方の法令遵守状況等、事故の状況を総合的に勘案して判断されます。過去の判例から過失相殺の認定基準が公表されています。

対人事故について、被害者は損害保険会社に直接保険金の請求を行うことができます。また、ＳＡＰ、ＰＡＰ（後述）については、損害保険会社が加害者（被保険者）に代わって、被害者との示談交渉を行う示談代行サービスが付帯されています。

②対物賠償責任保険

自動車を運転中の事故によって、事故の相手の車両や、他人の家屋、電柱、ガードレール等の財物に与えた損害に対し、法律上の損害賠償義務を負った場合に、支払われる保険です。対人賠償責任保険同様、無制限という契約方式もありますが、保険金額が定められている場合には、支払われる保険金は保険金額が限度となります。また、対人賠償責任保険と同様、被害者に過失があった場合は、過失相殺がなされます。被害者による保険金の損害保険会社への直接請求権もあります。またＳＡＰにおいては、対物賠償責任保険にも示談代行サービスが付帯されています。

③自損事故保険

運転者が自ら運転を過って、ガードレールなどに激突し、死傷したような単独事故や、例えば自動車同士の事故でも相手方に全く過失がないような事故（自損事故）について保険金が支払われるものです。自損事故保険は、対人賠償責任保険に自動付帯されます。

④搭乗者傷害保険

契約自動車に搭乗中の者が事故により死傷した場合に、対人賠償責任保険とは別に、定額の保険金が支払われるものです。シートベルト装着中に死亡した者に対しては「座席ベルト装着者特別保険金」の制度があります。

⑤無保険車傷害保険

他の自動車との事故によって死傷した場合、相手の自動車に対人賠償責任保険が付保されておらず（無保険車）、または付保されていても保険金額が不十分であったため、加害者に賠償資力がなく十分な賠償を受けられない場合に、加害者に代わって保険金を支払うものです。

⑥人身傷害補償保険

自動車の搭乗中や歩行中に自動車事故で死傷したり後遺障害を被った場合に、事故の過失部分を含めて損害額の全額の保険金を支払うものです。

⑦車両保険

契約自動車が、衝突、接触、火災、盗難等の事故によって損害を受けた場合に保険金が支払われるものです。オールリスク担保の方式に加え、担保範囲を縮小し、火災・爆発・盗難・台風・洪水・高潮などに起因する事故に限って保険金が支払われ、衝突・接触などの通常の運転リスクに起因する事故に関しては保険金が支払われないこととして、保険料を安くする方式などが選択できます。

以上が、自動車保険の基本的な構造ですが、損害保険会社は前記の各保険をセットで販売しています。

自動車保険の保険料は、保険の種類ごとに自動車の用途・車種によって決められた基本保険料に、過去の事故の有無等に応じた割増・割引が加減されます。被保険自動車あるいは被保険者の危険度等に応じて、用途車種別、保険事故実績、運転者の年齢、運転者の範囲、安全装置の有無などにより保険料が異なってくるわけです。例えば、無事故が続いている契約者には、最大六〇%までの割引が適用されますし、被保険者の運転免許証の色がゴールドの場合、保険料が割引になることがあります。さらに契約者は、自分の運転経験、自動車の価格、保険料等を比較勘案して、自分に最も適した自動車保険の組み合わせを選ぶことになります。

なお、これらの自動車保険のほか、運転免許は有しているが自動車を保有していないいわゆるペーパードライバーのために、自動車運転者損害賠償責任保険（ドライバー保険）があります。

(2) 自動車損害賠償責任保険

戦後のモータリゼーションの進展とともに、交通事故が社会問題化し、被害者救済制度に対する社会的な要請が強まったことから、一九五五年に自動車損害賠償保障法（自賠法）が制定されました。自賠法は、自動車の運行によって他人の生命・身体を害したことに伴う損害賠償責任を保障し、被害者救済を行うことによって、自動車社会の健全な発展を図ることを目的にしています。

自動車損害賠償責任保険（自賠責保険）はこの自賠法に基づいて創設された保険で、以下のような特色を持っています。

①強制保険

自賠責保険は強制保険ともいわれています。すなわち、原動機付自転車を含むすべての自動車は、自賠責保険が締結されていなければ運行の用に供してはならない旨が自賠法によって定められており、これを怠ったときには罰則を受けることになります。こうして自動車保有者に契約締結を強制する一方、損害保険会社には契約の引受義務を課しています。

②保険金額

自賠責保険では、保険金額は自賠法・同法施行令によって定められています。制度発足当初は一名当たり死亡保険金額が三〇万円でしたが、その後の計一〇回の改定により、現在では三〇〇〇万円となっています。自賠責保険だけでは人身事故の補償としては不十分であることから、前述の任意自動車保険（対人賠償責任保険）の役割が重要になっています。

③無過失責任

日本の民法では一般の損害賠償責任について、「過失なければ賠償義務なし」という過失責任主義が採用されていますが、自動車事故の場合、被害者が加害者に過失があったことを証明するのは困難な場合があります。そこで、自賠法は「自己のために自動車の運行の用に供する者は、その運行によって他人の生命又は身体を害したときは、これによって生じた損害を賠償する責に任ずる」（第三条）と規定しており、対人事故に限って被害者の証明義務を軽減しています。被害者が損害賠償請求をするためには、加害者側の故意・過失の有無を問わず、単に加害者の自動車の運行によって損害が生じたという事実のみを訴えればよいことになっており、一方、加害者側は被害者の過失等を立証できない限り賠償責任を負うという無過失責任主義に近い考え方を採っています。

④ノーロス・ノープロフィット

自賠責保険は、保険の募集、保険金の支払等の事務は民間損害保険会社に委託されていますが、自賠法によって民間損害保険会社は自賠責保険に関して営利を目的としてはならない旨が定められています。自賠責保険の保険料も「適正な原価を償う」レベルとなっており、また、損害保険会社の決算上も、剰余が生じた場合は責任準備金に積み立てることになっており、利益も損失も発生しない構造になっています。

⑤自動車損害賠償保障事業

盗難車等無保険自動車による事故の場合、ひき逃げ等加害者が特定できない場合などのケースでは、自賠責保険では保険金の支払いができませんが、政府が直営する自動車損害賠償保障事業から、自賠責保険と同様の保障を受けることができるようになっています。保障事業の支払ファンド・経費は、自賠責保険の保険料の一部から充当されます。

(3)　火災保険

火災保険は、損害保険の中では、後述する海上保険と並んで伝統的な保険種目の一つです。建物や建物に収容されている家財等の動産は、火災等によって損害を被る危険にさらされています。この危険をカバーするのが火災保険です。

かつての火災保険は、純粋に火災危険のみが対象でした。しかし、建物や動産を取り巻く危険は火災だけではありません。現在では、以下の通り火災危険以外の様々な危険が補償対象になっています。家計対象の火災保険には、普通火災保険、住宅火災保険、住宅総合保険、店舗総合保険、団地保険といった種類があります。以下、順に見ていきましょう。

①普通火災保険と住宅火災保険

普通火災保険は最も伝統的でベーシックな火災保険です。当初は、火災危険のみが対象でしたが、その後徐々に担保範囲が拡大され、落雷・破裂・爆発・風災・ひょう災・雪災なども加わりました。普通火災保険が、一般物件（店舗兼住宅、商業施設、小規模工場等）、工場物件（中・大規模工場）、倉庫物件といった住宅以外の広範囲の物件が対象であるのに対し、住宅火災保険は専用住宅のために作られた火災保険です。

②住宅総合保険と店舗総合保険

普通火災保険・住宅火災保険よりも補償範囲が広く設計されているのが、住宅総合保険と店舗総合保険です。普通火災保険・住宅火災保険の補償範囲に、建物外部からの物体の落下・飛来・衝突等、漏水・溢水、盗難、集団的破壊行為・労働争議に伴う暴力行為・騒擾（そうじょう）が加わり、建物・動産に関するリスクを総合的に補償する内容になっています。単一のリスクに対して個別に保険を手配するよりも、総合的に契約する方が保険料を安く抑えることができます。

表２－１　火災保険（家計対象）の補償範囲

	住宅火災	普通火災（一般）	住宅総合	店舗総合	団地
＜損害保険金＞					
火　災	○	○	○	○	○
落　雷	○	○	○	○	○
破裂・爆発	○	○	○	○	○
風災・ひょう災・雪災	○	○	○	○	○
外部からの物体の落下・飛来・衝突等	×	×	○	○	○
漏水・溢水	×	×	○	○	○
集団的破壊行為・労働争議に伴う暴力行為・騒擾	×	×	○	○	○
盗　難	×	×	○	○	○
＜持ち出し家財保険金＞	×	×	○	○	○
＜水害保険金＞					
保険価額の30％以上の損害	×	×	○	○	×
床上浸水	×	×	○	○	×
地盤面より45cmを超える浸水	×	×	×	○	×
＜費用保険金＞					
臨時費用保険金	○	○	○	○	○
残存物取片づけ費用保険金	○	○	○	○	○
失火見舞費用保険金	○	○	○	○	○
傷害費用保険金	○	○	○	○	○
地震火災費用保険金	○	○	○	○	○
修理費用保険金	×	×	×	×	○
修理付帯費用保険金	×	○	×	○	×
損害防止費用保険金	○	○	○	○	○

③団地保険

住宅総合保険をベースにして、マンション居住者等のために、水漏れ事故等により階下の住人に損害賠償責任を負った場合の危険に対する補償などを組み込んだ保険です。

これらの各種火災保険の補償内容を整理すると、表２－１の通りになります。

二四ページ以下で全部保険、一部保険、比例てん補の説明をしました。火災保険についても比例てん補は適用されますが、住宅火災保険、住宅総合保険、店舗総合保険、団地保険においては一部その要件が緩和されています。すなわち、以下の通りとなります。

・保険金額が保険価額の八〇％以上の場合――保険金額を限度として実際の損害額が支払われます。

・保険金額が保険価額の八〇％未満の場合――次の算式に基づいて支払われます。

損害の額×（保険金額／保険価額×八〇％）＝支払保険金の額

なお、保険金額は保険の目的の評価額を基準に決定しますが、評価基準については再調達価額にするか時価にするかを、契約時にあらかじめ決めることになっています。再調達価額とは、同等のものを新たに購入したり、復旧するのに必要な金額のことで、この場合は損害額＝復旧費用として保険金が支払われます。一方、時価は、再調達価額から保険の目的の減価額を控除した金額で、受け取った保険金ですべてが復旧できないことがあります。

(4) 地震保険

日本は有数の地震国であり、古くから地震保険の必要性がいわれてきましたが、地震リスクは、事故が多数の保険契約者に同時に発生し、大きな損害をもたらす可能性があり大数の法則が成立しにくいこと、リスクが発生した場合、その損害は巨額になるおそれがあり、損害保険会社の経営上負担が大きすぎることなどから、なかなか実現しませんでした。しかし、一九六四年の新潟地震を契機にして、一九六六年「地震保険に関する法律」が施行され、地震保険が創設されました。現行の地震保険の概要は以下の通りとなっています。

①対象は住宅のみ

保険契約の対象は、住宅と住宅内の家財のみとなっています。

②火災保険に自動付帯

地震保険は火災保険契約に付帯する「特約」となっています。原則自動付帯となっており、火災保険申込書上「地震保険を申し込みません」と意思表示しなければ自動的に地震保険が付帯されることになります。なお、火災保険では地震、噴火、津波による損害は免責（保険金が支払われない）になっており、地震保険を付帯しないと保険金が受け取れないことに注意する必要があります。

③保険金額

地震保険の保険金額は、主契約である火災保険の保険金額の三〇％から五〇％に相当する金額で、かつその限度額は建物五〇〇〇万円、家財一〇〇〇万円とされています。

④国家再保険

地震危険は一時に巨額になるおそれがあり、民間損害保険会社の資力では到底カバーできないことから、民間損害保険会社が元受した地震保険を、一部国家が再保険で引き受けています。

⑤総支払限度額

一回の地震に対する保険金の総支払限度額が設定されています。一回の地震とは七二時間以内に発生したすべての地震をいいますが、一回の地震での総支払額が総支払限度額を超える場合には、各契約者に支払われる保険金の額が比例的に減額されることになっています。現在、総支払限度額は関東大震災クラスの地震が来ても不足が生じないよう、五兆五〇〇〇億円に設定されています。

(5)　傷害保険

傷害保険は、被保険者が偶然の事故によって生命・身体に傷害を被った場合に、保険金の支払いを行う保険です。前述の通り、傷害保険は第三分野の保険といわれています。生命保険と同様に「物」ではなく「人」を対象にしていますが、生命保険が人の生死を対象にし、生命保険会社が扱う第三分野商品である疾病保険が病気を対象にするのに対して、傷害保険は基本的に、急激・偶然・外来の事故による傷害を対象にしています。傷害保険は以下のような特徴を有しています。

①定額保険

傷害保険の保険金は、死亡保険金、後遺障害保険金、通院・入院費用保険金に分かれています。生命保険は人保険でかつ定額保険であり、損害保険は物保険で非定額保険といいましたが、死亡保険金については、事故が発生した場合に定額支払われます。後遺障害保険金については、後遺障害の程度に応じて、死亡保険金額の一定割合が支払われることになっています。通院・入院費用保険金についても、被保険者の実際の支出額とは関係なく、保険契約時に定めた通院・入院保険金日額に日数を乗じた金額が支払われます。このように、傷害保険には保険価額の概念がないのは、人間の生命や身体は金銭に見積もることが困難であるためです。このように傷害保険は、定額保険の色彩が強いことが特徴です。傷害保険は実損てん補の保険ではないことから、健康保険・労災保険の給付、生命保険金、他の損害保険の保険金、第三者への損害賠償請求権などとは関係なく保険金が支払われます。

②急激・偶然・外来

事故が急激性・偶然性・外来性の三条件を満たしていなければ、保険金の支払いは行われません。急激性とは、緩慢に発生するものではなく突発的な事故をいいます。したがって、日焼け、靴擦れ、しもやけや、相当の日数の積み重ねが前提となる職業病は、傷害保険の補償対象にはなりません。偶然性とは、被保険者にとって予知できないことをいいます。外来性とは身体の外部からの作用による事故をいいます。身体の内在的な要因、例えば脳卒中などによって転倒しけがをした場合などは、保険金支払いの対象になりません。

③代位権がない

損害保険では保険法の規定により、損害保険会社が保険金を支払った場合に、保険契約者もしくは被保険者が第三者に対して有する権利（損害賠償請求権）を損害保険会社に移転できることになっています。これを保険代位権、または保険者代位権といいます。ただし生命保険では保険代位権は認められておらず、傷害保険でも、一部の例外を除き、保険代位権は認められていません。

傷害保険には極めて多くの種類がありますが、代表的な傷害保険である普通傷害保険の主な例を、以下説明しましょう。

・保険金の種類

被保険者が急激・偶然・外来の事故によって生命・身体に傷害を被った場合に、以下の保険金が支払われます。

死亡保険金＝事故の日から一八〇日以内に、傷害を直接の原因として死亡したときは、保険金額の全額が支払われます。

後遺障害保険金＝事故の日から一八〇日以内に、傷害を直接の原因として後遺障害が生じたときは、障害の程度に応じて保険金額の三〜一〇〇%が支払われます。

入院保険金＝傷害を被り、その直接の結果として平常の業務・生活に支障を来たし、入院した場合には、入院日数一日について入院保険金日額が一八〇日を限度として支払われます。また、入院保険金が支払われる場合に、手術を受けた場合には手術保険金が支払われます。

通院保険金＝傷害を被り、その直接の結果として平常の業務・生活に支障を来たし、通院した場合には、通院日数一日について通院保険金日額が九〇日を限度として支払われます。

・保険金が支払われない場合

例えば、以下のようなケースでは保険金は支払われません。

保険契約者・被保険者等の故意、被保険者の自殺・犯罪・闘争（けんか）行為、被保険者の無資格運転・酒酔運転、地震・噴火・津波、戦争・革命・暴動、放射線汚染、危険な運動（山岳登はん、スカイダイビング等）をしている間の傷害、頚部症候群（むち打ち症）・腰痛で他覚症状のないもの

以下、主な傷害保険について説明していきます。

・普通傷害保険

国内・外を問わず、あらゆる事故が対象となる最も補償範囲の広い傷害保険です。

・家族傷害保険

補償範囲は普通傷害保険と同じですが、一つの保険契約で、被保険者本人と家族全員が被保険者となる点が特徴です。

・交通事故傷害保険

傷害の原因となる危険を交通事故および建物火災に限定した傷害保険です。国内・外を問わず、被保険者が交通事故または建物火災によって傷害を被った場合には、死亡保険金、後遺障害保険金、入院保険金、通院保険金が支払われます。交通事故には、乗客として駅構内にいる間の傷害なども含まれます。

・ファミリー交通傷害保険

交通事故傷害保険の家族版です。

・所得補償保険

国内・外を問わず、病気または傷害を被り就業不能になったことによって被る損害を補償する保険です。就業不能日数に応じて保険金が支払われます。

・国内旅行傷害保険

国内旅行の行程中（旅行のために家を出てから帰宅するまで）に傷害を被ったときに、死亡保険金、後遺障害保険金、入院保険金、通院保険金が支払われます。特約を付けることによって、賠償責任、携行品損害、救援者費用、留守宅家財盗難などを補償範囲に加えることができます。

・海外旅行傷害保険

海外旅行の行程中に傷害を被ったときに、死亡保険金、後遺障害保険金、傷害治療費用保険金が支払われます。国内旅行傷害保険で用意されている特約に加え、疾病治療費用、疾病死亡などを補償範囲に加えることができ、海外旅行中のほぼすべての危険が補償範囲に入っています。

(6) 積立保険

損害保険の本来の機能は、リスクに対する補償ですが、掛け捨ての保険よりも貯蓄性の保険を好む日本の国民性や、金融機関としての損害保険会社に対する期待などから、貯蓄機能も持った損害保険、すなわち積立保険が販売されています。以下、積立保険の特徴を見ていきましょう。

①保険期間が長い

通常の損害保険の保険期間は一年のものが一般的で毎年更改する形式をとりますが、積立保険の保険期間は、保険種類によって異なりますが、三〜二〇年、もしくはそれ以上の長期にわたることもあります。保険期間を長期にすることによって、継続・更改漏れが防止できるというメリットがあります。

②積立保険料

一九ページで説明した通り、損害保険料は純保険料と付加保険料から構成されています。積立保険については、これに積立保険料が加わります。すなわち、積立保険の保険料は、純保険料、付加保険料、積立保険料の三つの部分から構成されています。

図２－１　積立保険の構造（一時払の例）

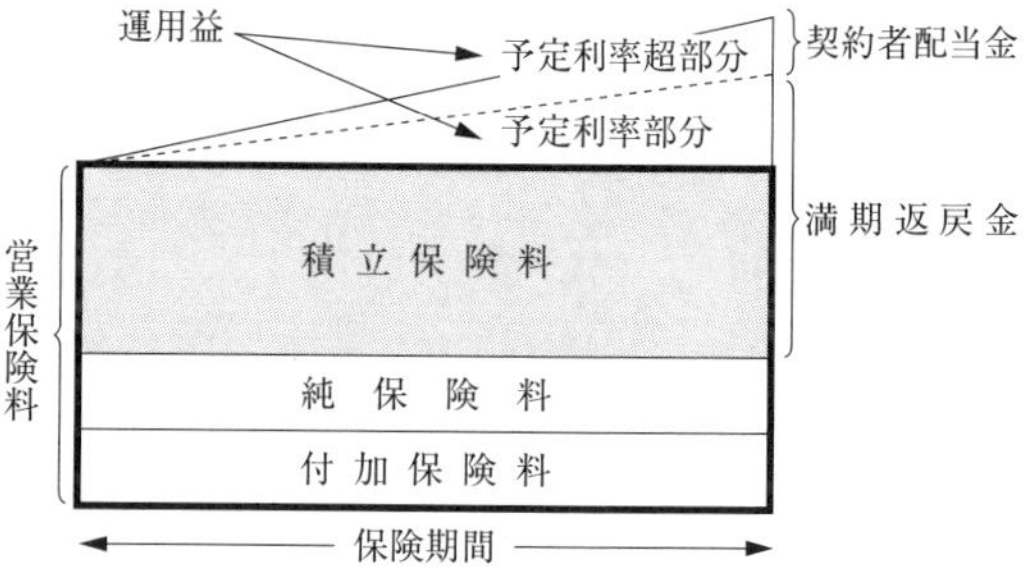

③満期返戻金・契約者配当金

積立保険は貯蓄型の保険ですから、保険期間の満期時に元本に利息を加えた金額が契約者に戻ってくるのが最大の特徴です。積立保険は、保険契約締結時にあらかじめ予定利率が決められています。予定利率はその時々の金融情勢などによって決められるケースが多いようです。積立保険料部分を保険期間にわたって予定利率で運用した結果が満期返戻金です。満期返戻金は保険契約締結時に約束されていますから、予定利率は最低保証金利であるといえるでしょう。満期時に保険契約が有効に存在していれば、満期返戻金が保険契約者に支払われることになります。さらに積立保険料部分を保険期間にわたって運用した収益が予定利率を上回った場合に、満期返戻金に加算して支払われるのが契約者配当金です（図２－１参照）。

④全損失効

保険期間の中途で事故が発生し、建物が全焼したり（積立火災保険の場合）、被保険者全員が死亡したりして、一定金額以上の保険金が支払われた場合、契約は失効し、返戻金は支払われません。全損失効者の支払った積立保険料は、他の契約者の満期返戻金・契約者配当金の支払原資に充てられ、この点が預貯金等とは異なる積立保険の特徴です。なお、全損失効しない限り、保険金が何回支払われても、保険金額は翌保険年度より自動復元します。

⑤契約者貸付制度

満期返戻金・契約者配当金は保険期間満了時まで支払われませんが、保険契約者が保険期間の中途において資金を手にしたい場合のために、積立保険料部分を担保にして、一定限度まで損害保険会社が保険契約者に必要資金を貸し付ける制度があります。これが契約者貸付制度ですが、これによって保険契約者は保険契約を解約しなくても資金調達が可能になります。貸付金利は市中金利に応じて変動します。使途制限はありません。

⑥保険料自動振替貸付

保険料の支払方法には、一時払のほか、年払、半年払、月払といった分割払いの方法があります。分割払いのケースで第二回目以降の保険料の支払いについては払込猶予期間が設けられていますが、その期間内に保険料が支払われなかった場合には、その時点の失効返戻金の範囲内で、損害保険会社が自動的に保険料相当額を貸し付け、保険契約を有効に存続させることができます。

⑦クーリング・オフ制度

クーリング・オフとは、保険契約の申込日から八日以内（消印有効）に、保険契約者から書面による一方的な申し込みの撤回・契約の解除ができる制度で、保険商品については、一九九六年に施行された新保険業法によって新たに設けられました。クーリング・オフの対象になるのは保険期間が一年超の保険に限られ、積立保険（財形保険はクーリング・オフできない）のほか、介護費用保険なども対象になります。なお、ダイレクトメールやインターネットを利用した通信販売により申し込んだ契約も、クーリング・オフの対象外となることがあります。

積立保険にはいろいろな種類がありますが、以下、主なものを見ていきましょう。

・積立火災保険

損保業界全体としての積立保険の第一号が一九六八年に発売された長期総合保険です。補償内容は住宅総合保険とほぼ同じで、保険の目的は専用住宅・併用住宅の建物とその収容動産（家財等）に限られます。保険期間は三、五、一〇年が用意されています。積立火災保険には長期総合保険のほか、家庭生活に伴う火災、傷害、賠償責任を包括的に補償する積立生活総合保険、団地保険の積立型である積立団地保険、マンションの管理組合・管理会社を保険契約者としマンションの共用部分を一括して補償する積立マンションライフ総合保険などがあります。

・積立ファミリー交通傷害保険

長期総合保険に次いで一九七四年に発売されたのが積立ファミリー交通傷害保険です。これは、ファミリー交通傷害保険の積立版で、交通事故および建物火災による傷害の場合、保険金が支払われます。

・積立普通傷害保険

普通傷害保険を積立型にした保険商品です。補償重視型、貯蓄重視型等様々な商品があります。それ以外に、積立傷害保険には、普通傷害と同様の補償内容ですが、顔面・頭部等の傷害の補償を手厚くした積立女性保険、子供を対象に扶養者の万一の場合の育英費用なども補償する積立こども保険等、特定の顧客ニーズに合わせたセグメント商品も多く発売されています。

・財形保険

勤労者財産形成促進法に基づく財形制度専用の傷害保険です。

・年金払積立傷害保険

高齢社会における年金に対するニーズに対応するために開発された商品です。保険期間満了までの間に生じた傷害による死亡・後遺障害に対して保険金を支払うとともに、満期時に被保険者が生存しており、保険契約が有効に存続している場合において、満期返戻金・契約者配当金を支払う代わりに、年金払いの給付金を支払う保険です。保険期間は最長五〇年までと超長期の保険であり、保険料払込期間、据置期間、給付金支払期間等を、保険契約者・被保険者のライフプランに合わせて自由に設計できます。

(7)　その他の家計分野の保険

それ以外の家計分野の損害保険をいくつか紹介しておきましょう。

①医療費用保険

傷害や疾病で日本国内の病院に入院した場合に、被保険者が実際に負担した費用について保険金が支払われるものです。健康保険の自己負担分のほか、差額ベッド代、ホームヘルパー雇入費用といった諸費用、高度先進医療費用などが対象になります。

②介護費用保険

被保険者が寝たきりや痴呆状態に陥り、介護が必要な状態（要介護状態）になった場合に、以下のような保険金が支払われます。なお、保険期間は終身と超長期の保険であり、また、積立介護費用保険も用意されています。

医療費用・介護施設費用保険金＝療養のために病院・診療所に支払った費用、介護を受けるために介護施設に支払った費用について保険金が支払われます。

介護諸費用保険金＝在宅介護、有料老人ホームで介護を受けたとき、病院・診療所に入院し介護を受けたとき、介護施設で介護を受けたとき、各形態に応じて介護諸費用保険金月額の一定割合の保険金が支払われます。

臨時費用保険金＝介護用車椅子・ベッド、簡易ポータブル浴槽、ポータブルトイレ等の購入費用、住宅の改装等に要する費用について保険金が支払われます。

③賠償責任保険

賠償責任保険は、被保険者の日常活動等において、他人の身体・生命、財物等に損害を与え、被保険者が法律上の損害賠償責任を負うことになった場合、その賠償責任を履行することによる損害を補償する保険です。住宅の使用・管理上の賠償責任（塀が倒れて通行人がけがをした場合など）、子供に対する親としての管理監督責任等がその対象になる例です。ゴルファー保険は賠償責任保険の一つで、ホールインワン保険はゴルファー保険に特約として付帯できるものです。

2　企業と損害保険

次に、主に企業分野を対象にした損害保険商品について見ていきましょう。

(1)　船舶保険

船舶保険は、貨物船、客船、油槽船、漁船等の自走船舶から、作業船、艀（はしけ）、桟橋、海洋掘削装置等に至るまで、およそ海上で使用され、海上危険にさらされているほとんどの物件を対象とし、それらが海難事故（沈没、座礁、座州、火災、衝突等）に遭遇することによる損害を補償する保険です。船舶の建造中のリスクを引き受ける建造保険も船舶保険に含まれます。

補償の対象となる損害は保険契約ごとに定められますが、内容としては各種船舶そのものの物的損傷のほか、他船と衝突した場合等の相手方に対する損害賠償責任、船舶が損傷を受けた結果生じる運航収入の喪失などがあります。

船舶保険の保険料率は自由料率となっています。実際の保険料率は、補償の範囲、船舶の内容（船種用途、船質、進水年、総トン数等）、運行形態（航路、乗組員の資格等）、さらには保険契約者の過去の事故歴等を考慮して個別に決定されています。

船舶保険は、保険金額が概して高額になるのに対して、保険の対象になる船舶の数が比較的少なく、大数の法則が働きにくいという特徴があります。各損害保険会社は、再保険（一一四ページ参照）の仕組みを利用して、自己の責任保有金額を一定に抑え、リスクを分散させているケースが多く見られます。

船舶保険の主な種類は以下の通りです。

①普通期間保険

次項に述べる貨物保険は、二地点間の輸送中のリスクをカバーするために、航海建保険にしていることが一般的ですが、船舶保険は通常一年ごとに航海中の諸リスクをカバーする期間建保険になっています。補償対象となる損害の範囲については、前述の通り契約ごとに定められますが、代表的な商品である第六種の場合、全損、修繕費、損害防止費用、共同海損分担額、衝突損害賠償金が補償されます。

共同海損行為とは、例えば、船舶が座礁し、このまま放置すれば船舶も積荷も助からない、というような場合に、積荷を投棄して船脚を軽くして離礁するなど、船舶、積荷等を海上危険から救うために行われた故意かつ合理的な行為をいいます。この場合、投棄された積荷の損害は、助けられた船舶・積荷等の価額に応じて利害関係者が公平に分担しますが、これを共同海損分担額といいます。船舶にかかる共同海損分担額を船舶保険で補償するわけです。

②船舶戦争保険

通常の船舶保険では戦争危険は対象外ですが、これを別個の保険契約でカバーするのが、船舶戦争保険です。戦争危険とは、戦争その他の変乱、水雷・機雷等の爆発物との接触、だ捕、捕獲、抑留、ストライキなどによる危険をいいます。危険水域を航行する場合の保険料率はその都度決定されますが、危険の度合いによっては極めて高い料率になることがあります。

③その他

一定場所に係留され長期間休航する船舶のリスクをカバーする係船保険、海難事故に遭い稼働不能になった期間の運賃や用船料収入など、船主の経済的損失を補償する船舶不稼働損失保険、造船所が契約者となり船舶建造中のリスクをカバーする建造保険などがあります。

(2) 貨物保険

貨物の輸送中および保管中の危険による損害を補償する保険です。貨物保険は、貨物の海上輸送中の損害を補償する貨物海上保険（または積荷保険）と、陸上輸送中の損害を補償する運送保険に分類されます。貨物海上保険と船舶保険を総称して海上保険といいます。

さらに、貨物海上保険は、輸出入貨物を対象にする外航貨物海上保険と、日本国内の輸送貨物を対象にする内航貨物海上保険に分けられます。

貨物保険の特徴は、貨物が一定の場所を離れたときに保険期間が開始され、損害保険会社に保険責任が発生し、一定の場所に搬入されたときに責任が終了する航海建保険が主であることです。

①外航貨物海上保険

外航貨物海上保険は、貨物保険の大宗を占めるもので、輸出入貨物が対象になります。補償する損害の範囲は、物的損害のほか、必要に応じてこれらにかかる輸入税、希望利益なども対象にすることができます。基本的な保険の条件としては、ＡＲ（オールリスク）、ＷＡ（分損担保）、ＦＰＡ（分損不担保）の三種類があります。外航貨物海上保険の保険料率も自由料率となっています。実際の保険料率は保険条件、荷造り、積載船舶、航路、保険契約者の過去の事故歴等を考慮して個別に決定されています。

②内航貨物海上保険

主として日本沿岸海域を海上輸送されるあらゆる貨物を対象とする保険です。基本的な保険の条件として、オールリスクと特定危険担保があります。内航貨物海上保険の料率は一部自由料率となっています。

③運送保険

主に陸上輸送中の貨物にかかる損害を補償する保険です。貨物の所有者である荷主が付保する通常の保険と、運送業者が運送中の貨物の損害に関して荷主に対して負う損害賠償責任を補償する保険とに大別されます。運送保険は貨物海上保険と区別されているものの、本質的な差はほとんどありません。

(3)　航空保険

航空保険は航空機の運航、整備、航空施設の管理などに関するあらゆる危険による損害を補償する保険です。航空機事故は、自動車等と比較するとその発生頻度は極めて低いのですが、いったん事故が発生すると、機体価値そのものをはじめ、乗客・乗務員・第三者の身体・財物への損害、捜索・救助費用等、大災害になる可能性があり、航空保険は、航空事業会社はもとより、航空機を所有する企業には不可欠な保険です。損害保険会社から見ても、事故が起きると保険金の支払いは巨額になる可能性が高いため、損害保険会社が単独でこの保険を引き受けることは少なく、再保険を活用してリスクの分散を図っています。

航空保険の内容は多岐にわたりますが、以下のようなものが一般的です。

①航空機保険（機体保険）

墜落、衝突、火災などの偶然な事故による航空機自体や装備品に生じた損害を補償する保険です。航空機の欠陥や、摩滅、腐食等による損害には保険金は支払われません。

②第三者賠償責任保険

航空機の墜落、機体の一部落下等の偶然な事故によって機外の第三者に損害を与え、法律上の損害賠償責任を被ることによって生じる損害を補償する保険です。

③乗客賠償責任保険

航空機の墜落、不時着、爆発等によって乗客に損害を与え、法律上の損害賠償責任を被ることによって生じる損害を補償する保険です。

④搭乗者傷害保険

乗務員や乗客などが、搭乗中に偶然な事故によって死亡したり傷害を被ったときに保険金が支払われます。

⑤捜索救助費用保険

航空機の行方不明、墜落等の場合の、捜索費、搭乗者の救助費などを補償する保険です。なお、航空保険では、被保険者の故意、戦争危険、乗っ取り、保険証券記載の地域外での運航並びに目的外での使用の際の損害等には保険金が支払われません。

(4)　火災保険

家計対象の火災保険が主に住宅や小規模店舗などを対象にしているのに対して、企業対象の火災保険の対象は、工場、倉庫、ビル等とその収容動産になります。企業対象の火災保険は主に普通火災保険です。普通火災保険は、物件別に、住宅物件、一般物件、工場物件、倉庫物件と建物の用途に応じて補償内容が設計されていますが、住宅物件を除く三つが企業対象の火災保険です。

企業対象の火災保険の補償内容を整理すると、表2－2の通りになりますが、これ以外の危

表２－２　火災保険（企業対象）の補償範囲

	普通火災（一般）	普通火災（工場）	普通火災（倉庫）	店舗総合
＜損害保険金＞				
火　災	○	○	○	○
落　雷	○	○	○	○
破裂・爆発	○	○	○	○
風災・ひょう災・雪災	○	○	×	○
外部からの物体の落下・飛来・衝突等	×	○	×	○
漏水・溢水	×	○	×	○
集団的破壊行為・労働争議に伴う暴力行為・騒擾	×	○	×	○
盗　難	×	×	×	○
＜持ち出し家財保険金＞	×	×	×	○
＜水害保険金＞				
保険価額の30％以上の損害	×	×	×	○
床上浸水	×	×	×	○
地盤面より45㎝を超える浸水	×	×	×	○
＜費用保険金＞				
臨時費用保険金	○	○	○	○
残存物取片づけ費用保険金	○	○	○	○
失火見舞費用保険金	○	○	×	○
傷害費用保険金	○	×	×	○
地震火災費用保険金	○	○	×	○
修理費用保険金	×	×	×	×
修理付帯費用保険金	○	○	×	○
損害防止費用保険金	○	○	○	○

険を補償するために、拡張担保方式が活用されています。具体的には、ガラス損害担保特約、風水災危険担保特約、電気的事故担保特約、スプリンクラー不時放水危険担保特約など、様々な方式があります。四六ページで説明した地震保険は、住宅と住宅内の家財のみが対象で、企業分野の火災保険には付帯できません。普通火災保険は地震リスクについては補償対象外ですが、地震危険担保特約によって地震危険を補償対象にすることも可能な場合があります。

なお、企業の場合、火災等で建物・機械設備・商品等が損害を受けた場合、企業は営業や生産の休止・中断を余儀なくされることになります。その場合の得られるべき利益や固定費の損失を補償する保険が利益保険です。それ以外にも、抵当物件の滅失等によって被担保債権に生じる損害を補償する債権保全火災保険や、森林火災を補償する森林火災保険などもあります。

(5) 自動車保険

家計分野の自動車保険の説明は、企業分野の自動車保険にもほぼ当てはまります。ただし、運送業者やタクシー業者などはもちろん、一般の企業であっても多くの社有車を有することは珍しくありません。自動車の総付保台数が一〇台以上の契約をフリート契約といい、企業の自動車保険契約はフリート契約になることが一般的です。フリート契約では契約者の事故率を保険料率に反映させる仕組みとなっており、事故率が良好な契約者は最大六五％までの割引を受けることが可能になっています。また、フリート契約者については、増車・廃車等の事務上の手続きの合理化・手続きミス防止のため、全車両一括付保特約という契約方式も用意されています。

(6) 賠償責任保険

企業向けの賠償責任保険には、極めて数多くの種類があります。以下主なものを挙げてみましょう。

①施設所有管理者賠償責任保険

百貨店、工場、遊園地、劇場、事務所などの施設の設置や保存上の瑕疵(かし)、管理上の不備によって第三者に対して負担する損害賠償責任を補償する保険です。エレベーター・エスカレーター専用の昇降機賠償責任保険もあります。

②請負業者賠償責任保険

建設・土木・荷役業などの請負業者が、その作業の遂行に伴って第三者に対して負担する損害賠償責任を補償する保険です。ビルの工事現場で鉄骨が落下し、通行人が負傷したケースなどがこれにあたります。

③生産物賠償責任保険

製造・販売した商品の欠陥等のために、企業が第三者に対して損害賠償責任を負担するケースがあります。これが製造物責任（ＰＬ）です。こうした企業の危険を補償するのが生産物賠償責任保険です。

④会社役員賠償責任保険（D&O保険）

米国では、会社役員が業務遂行に伴って、株主、債権者等から責任を追及されるような訴訟が多発していますが、日本でも一九九三年の商法（現在の会社法）改正によって株主代表訴訟が容易に行えるようになったことから、会社役員に対する損害賠償が増加する傾向にあります。会社役員賠償責任保険は、それらの損害賠償責任を補償する保険です。

企業向けというわけではありませんが、医師、薬剤師、弁護士、公認会計士、税理士等の職業人がその業務に関連して被った損害賠償責任を補償する保険もあります。

(7)　労働災害総合保険

労働基準法により、使用者は、従業員が業務上被った身体上の障害に対し補償義務を課されていますが、同時に労働者災害補償保険法により、国が使用者から保険料を徴収し、直接給付を行っています。これを政府労災保険という言い方で呼びます。使用者が、政府労災保険の上乗せとして補償金や損害賠償金を支払う場合に、その負担額を民間損害保険会社が補償するのが、労働災害総合保険です。

(8) 動産総合保険

基本的にはあらゆる種類の動産（ただし、自動車、船舶等は除く）を対象とし、一切の偶然な事故によって保険の目的である動産に生じた損害を補償する、いわばオールリスクの保険です。この保険の利用範囲は極めて広いのですが、例えば、美術品、医療機器、宝石、楽器等の特定の動産を対象にし、保管中・使用中・輸送中のあらゆるリスクをカバーするもの、展覧会、博覧会、見本市等の出品物を対象にし、展示中並びに輸送中のリスクを補償するも

COFFEE BREAK

損害保険の起源

損害保険の起源としては、中世ヨーロッパにおける冒険貸借が有名です。さらにさかのぼると古代バビロニアのハムラビ法典にも損害保険的な考え方が規定されています。

古代バビロニアの商人たちの貿易活動は、暴風雨や火災のみならず、海賊、盗賊なども含め様々な危険にさらされていました。商人たちが金融を受けようとすると、極めて高い金利を要求されるばかりでなく、妻子を担保に取られることすらあったようです。ハムラビ法典には、こうした貿易の条件を改善するために、損害保険の基礎となる考え方を書き込んであります。船主・荷主が資金を借り入れ貿易を行い、船が無事帰港すれば元利金を支払い、海難や海賊等のため帰港できなければ元利金の返済を免れるというのが冒険貸借です。冒険貸借は海上保険の原型ですが、ハムラビ法典は冒険貸借に関する規定を設けた最初のケースであるといわれています。

また、ハムラビ法典では、暴力や侵略行為による犠牲者に対する補償という社会保険的な制度についても規定しています。

の、流通過程にある商品・原材料・仕掛品などの在庫品を包括して補償するものなどがあります。

⑼　信用保険・保証保険

これまで説明してきた保険は、物的損害や損害賠償責任を補償する保険でしたが、信用リスク、すなわち信用を供与された受信者もしくは債務者の債務不履行によって、信用を供与した与信者もしくは債権者が被る損害を補償するのが、信用保険・保証保険です。損害保険会社は、債務者の状況、契約の条件等を総合的に勘案して、保険契約を引き受けるかどうかを決めることになります。信用保険・保証保険とも、いずれも債権の保全・信用の補完という機能を有していますが、この二つはリスクの内容によってではなく、仕組みの相違によって区別されています。すなわち、信用保険は保険契約者・被保険者とも債権者であるのに対して、保証保険は債務者が債権者のために付保するもので、保険契約者は債務者、被保険者は債権者という関係になります。

信用保険には、割賦販売代金債権を対象にした割賦販売代金保険、金融機関が個人を相手に行うローンや当座貸越の貸し倒れによる損害を補償する個人ローン信用保険、企業・共済組合等がその従業員・組合員に貸し付けた（もしくは金融機関に対して保証した）住宅資金の貸し倒れによる損害を補償する住宅資金貸付保険などがあります。企業・共済組合がその従業員・組合員に、結婚資金・旅行資金・自動車購入資金などの生活資金を貸し付けた場合には、企業等一般資金貸付保険が用意されています。これらとはやや性格を異にするものですが、従業員・組合員の不誠実行為（職務上の窃盗、詐欺、横領など）によって使用者の被る財産的損害を補償する身元信用保険もあります。

保証保険は、保証保険として行われるもの（狭義の保証保険）と、保証証券（surety bond）の形でのものと二つに大別できます。狭義の保証保険には、請負契約等の入札者が付保するもので、入札者が落札したにもかかわらず契約を締結しないことにより発注者（被保険者）が被る損害を補償する入札保証保険、請負業者が、契約締結後その契約を履行しない場合に発注者（被保険者）が被る損害を補償する履行保証保険、住宅ローン利用者が付保し、債務不履行によって債権者が被る損害を補償する住宅ローン保証保険などがあります。

保証証券とは、欧米等で行われている「surety bond」を日本にも導入したもので、損害保険会社が債務者の連帯保証人となって債務者と保証委託契約を締結します。損害保険会社は保証証券を発行し、債務者が債務不履行になった場合に、債務者の保証人として債務履行を行うものです。

(10) その他の企業分野の保険

企業分野の保険は極めて多岐にわたっており、ここで説明したものは一部にすぎません。それ以外の企業分野の損害保険をいくつか紹介しておきましょう。

①機械保険

工場、ビル等の機械、機械設備投資を対象とし、偶然な事故による破損等の損害に対して、復旧修理費用、臨時費用、残存物取片づけ費用を補償する保険です。

②建設工事保険

ビル、住宅等の建設工事を対象とし、工事現場における偶然の事故によって、工事物件（工事の目的物、仮設物、工事用材料等）に生じた損害を補償する保険です。特約によって第三者に対する損害賠償責任を補償することもできます。道路・ダム・鉄道・トンネルなどの土木工事については土木工事保険によって引き受けられます。

③盗難保険

特定の収容場所の動産が窃盗または強盗によって盗取、毀損、汚損の損害を被った場合に、その所有者の損害を補償する保険です。一般家庭の盗難は住宅総合保険などでカバーされるので、盗難保険は企業の商品等を対象に利用されます。クレジットカード盗難保険もこの一種です。

3　全国に広がる販売網

損害保険は、家計から企業まで国民生活の隅々にまで行き渡っていますが、家計や企業のニーズに応えるためには、商品内容の充実とともに、販売網（募集網）が全国に行き渡っている必要があります。また、損害保険事業は、多くの契約を募集して、大数の法則に基づいて経営の安定を図る必要があり、その意味でも販売網は重要な意味を持っています。

わが国における損害保険の募集には、損害保険会社が直接募集活動を行う場合（直扱といいます）、損害保険代理店によって行われる場合（代理店扱といいます）と、そして、保険仲立人（ブローカー）によって行われる場合の三通りがあります。

(1) 代理店

わが国の損害保険において、最も重要な役割を担っているのが代理店です。全保険種目合計の国内元受保険料収入に占める代理店扱の保険料収入は九二・三％（二〇〇九年度）に達しており、損害保険契約の募集において代理店の役割には極めて大きなものがあります。

損害保険代理店は、保険業法に基づき主務官庁の登録を受けることになっており、登録を受けずに保険募集を行うことはできません。

代理店は損害保険会社との間で代理店委託契約を締結します。代理店の基本業務は、損害保険会社に代わって、保険加入者との間で損害保険契約を締結し、保険料を領収することにあります。代理店は、代理店委託契約に基づいて、損害保険会社から手数料を受け取ります。しかし、代理店は、単に契約締結の代理を行うだけではなく、個々の契約者のニーズを的確に把握し、きめ細かい情報を提供し、適切な保険商品の選択が行えるよう助言したり、実際に事故が発生したときは、保険金請求などに関するアドバイスを行うなど、契約者に対するサービス機能も発揮しています。

代理店は、商品知識のみならずアドバイザリー機能・コンサルタント機能が求められることから、代理店主や募集従事者には、損害保険会社が行う講習並びに試験を受け、個人資格を取得することが義務づけられています。損害保険会社は、各代理店について、この個人資格者数や成績などによって、特級（一般）代理店、特級（工場）代理店、上級代理店、普通代理店、初級代理店という代理店の格付け（種別認定）を行い一層の資質の向上を図っています。

代理店には、損害保険代理業を専業とする者と、自動車ディーラー、整備工場、税理士、旅行代理店など、他業との兼営で損害保険代理業を営む者とに分かれます。また、一代理店が損害保険会社一社とのみ代理店委託契約を締結している場合（専属代理店）と、複数の損害保険会社と委託関係のある場合（乗合代理店）とがあります（表２－３参照）。

二〇一〇年三月末現在の全国の損害保険代理店数は二〇万七九〇三店、損害保険代理店における募集従事者数は約二一六万名に達しています。

表２－３　代理店の状況

（2010年３月末現在）

	代理店数	割合（%）
専属代理店	157,764	75.9
乗合代理店	50,139	24.1
法人代理店	107,895	51.9
個人代理店	100,008	48.1
専業代理店	32,466	15.6
副業代理店	175,437	84.4
合　計	207,903	100.0

出所）日本損害保険協会「日本の損害保険ファクトブック2010」

(2)　保険仲立人（ブローカー）

欧米においては、代理店のほかにブローカーによっても損害保険契約の募集が行われているのが一般的です。家計分野については代理店を通じて販売されることが多いのですが、複雑な保険の手配の必要な企業においては、ブローカーが活躍しているケースが多く見られます。ブローカーの中には、相当人数の専門家を有し、大規模に営業を行っている会社もあります。

日本においても、一九九六年四月に施行された新保険業法において、ブローカーは保険仲立人として新たに導入されました。ブローカーとは損害保険会社から代理店委託を受けることなく保険契約の締結の媒介を行う者です。ブローカーは、保険契約者と損害保険会社の中間でより中立的な立場で媒介を行います。

わが国では、ブローカーは損害保険代理店同様、保険業法に基づき主務官庁の登録を受けることになっており、登録を受けずに保険募集を行うことはできません。保険業法では、ブローカーと損害保険代理店、生命保険募集人の兼営を禁止しています。また、ブローカーには法律上の義務として、誠実義務（ベストアドバイス義務）が課されています。また、損害保険代理店と異なり、ブローカーは保険契約締結権、保険料領収権も持ちません。なお、ブローカーの登録についても、保険募集を的確に遂行できるような知識・能力が要求されますが、この能力の適否は、現在は日本保険仲立人協会の行う試験によって判断されています。

(3) 直扱

損害保険会社の社員が直接保険募集を行う直扱は、主に大企業が契約者の場合等に見られますが、家計分野ではほとんど見られません。ただし、最近は、損害保険会社がインターネットやテレマーケティング（コールセンターなどを使って顧客に直接働きかける販売方法）を活用して直接販売を行うなど、代理店・ブローカーを介さない新しい募集手法が始まっています。

4 契約の締結と保険金支払い

本節では、損害保険契約の申し込みから契約締結まで、並びに事故が発生してから、保険金が支払われるまでの流れを見ていきましょう。

(1) 契約前の準備

個人の生活を例にとると、自動車を購入した、家を新築した、海外旅行に行く等々、活動の様々な局面で、損害保険が必要な場面が発生します。それ以外の日常生活の中にも、身の回りには様々なリスクがあります。これは企業でも同様です。

損害保険の選択は、まず代理店・ブローカーの選択から始まります。家庭や企業のリスクコンサルタント・アドバイザーとして、ふさわしい知識・見識と責任感のある代理店・ブローカーを選択する必要があります。もちろん損害保険会社の選択も重要です。まず、確固とした経営基盤を持ち、保険金などの支払いの面で信頼のできる損害保険会社を選択しなければなりません。

さらに、損害保険商品の価値は、購入時、すなわち契約の締結時よりも、実際に事故が発生したときに発揮され、保険契約者・被保険者は実感するものです。保険金支払いの面で、的確で迅速な損害サービスを提供できる体制が整った損害保険会社を選択しなければなりません。

代理店・ブローカー・損害保険会社と相談して、損害保険商品を選択し、損害保険契約を締結する際は、その条件・内容をよく確認しておく必要があることはいうまでもありません。損害保険契約の内容は約款に記載されていますので、契約の前によく読んで理解しておくことが必要です。特に、保険金の支払われない事由（免責事由）はよく理解し、確認しておきましょう。

(2) 保険契約の締結

損害保険契約は、保険契約者と損害保険会社の間で締結される契約です。しかし、代理店は損害保険会社より損害保険会社の代理人として契約締結を行う権限を委任されており、代理店との契約締結時点で損害保険契約は成立します。ブローカーには契約締結権は委任されていないので、損害保険会社と直接契約を締結することになります。

保険募集に際して、代理店は保険契約者に対して保険契約の契約条項のうち重要な事項の説明を行う義務があるとされています（保険業法第三〇〇条第一項第一号）。個人向け損害保険商品においては、代理店は契約者に対し重要事項説明書という書面を交付して十分に説明することが義務づけられています。重要事項説明書には、保険契約の内容を理解するために必要な情報（「契約概要」といいます）と注意を喚起すべき情報（「注意喚起情報」といいます）が必ず記載されることになっています。保険契約者はこれらの書類を熟読し、代理店から十分な説明を聞いて、納得した上で保険契約を締結する必要があります。

保険契約は諾成契約ですから、保険契約者と代理店が契約締結に合意すれば契約は成立することになります。ただし、二二ページで説明したように、通常は、約款において損害保険会社に保険責任が生じるのは保険料が支払われた時点から、とされています。一般には、保険契約者が「損害保険申込書」に署名・捺印し、併せて損害保険料を代理店に支払い、代理店が「損害保険料領収証」を保険契約者に交付した時点で損害保険契約が締結されたことにしています。代理店は、これらを損害保険会社に提出し、損害保険会社では「保険証券」を作成し、代理店経由、もしくは直接保険契約者に送付します。

(3) 告知義務

損害保険契約の締結時に、保険契約者・被保険者が注意しなくてはならないのが告知義務です。告知義務とは、保険契約を締結する際に、保険契約者・被保険者は保険会社に対して重要な事実を告げること、さらに重要な事項について不実の事を告げないことを要する、というものです。そして、これらの重要な事実、重要な事項を告知事項といいます。告知事項とは、危険選択に関する重要な事実、すなわち、保険会社がその事実を承知していれば保険契約の締結を拒否したか、あるいは同一条件もしくは同一保険料では保険契約を締結しないであろうと考えられるような事実です。ただし、何が重要な事実に該当するかについては、保険契約者にはわかりませんから、実務上は、保険契約申込書への記載によって告知が行われます。すなわち、保険契約申込書の記載事項が告知事項であるということになります。

告知義務違反に該当すると、保険会社は保険契約を解除することができます。保険事故が発生した後に解除した場合でも、保険会社は保険金の支払義務を免れ、あるいは支払った後であれば、保険会社はその返還を請求できます。

(4) 通知義務

保険契約締結後、一定の事実が発生した場合に、保険契約者または被保険者は、その事実を保険会社に通知しなくてはなりません。それを通知義務といいます。保険契約締結後も、保険契約者もしくは被保険者は、通知義務を負います。損害保険の場合には、危険の変更・増加についての通知義務と、事故発生についての通知義務の二つがあります。

危険の変更・増加についての通知義務とは、保険期間中に危険が変更・増加するような事実が生じたときは、保険契約者または被保険者は、その事実を保険会社に通知しなくてはならないというものです。告知義務が保険契約締結時の危険に関する事実を告げる義務であるのに対し、通知義務は保険期間中に変更があった場合にその事実を告げる義務ということになります。契約当初に比べて危険が増加しているような場合は、保険会社は保険料の追徴を行います。もちろん、危険が減少している場合は、当初支払われた保険料より少なくて済むわけであり、保険料の返戻が行われます。通知義務違反が生じた場合、保険会社は、危険の変更・増加のあった時点から保険契約を失効させるか、危険の変更・増加の事実を知った時点から契約を解除するかの措置をとることができます。保険契約者または被保険者が、それらの事実を通知したにもかかわらず、保険会社が速やかに契約の失効、解除を行わなかった場合には、保険会社は危険の変更・増加を承認したと見なされることになっています。

事故発生についての通知義務とは、保険事故が発生した場合、保険契約者または被保険者がその事実を速やかに保険会社（もしくは代理店）に通知しなくてはならないという義務をいいます。これは、事故の調査、損害の拡大防止等必要な措置を速やかにとることが可能になるように設けられたものです。

(5)　損害調査と保険金の支払い

次に、実際に事故が発生してから、保険金が支払われるまでの流れを見ていきましょう。事故が発生した場合、保険契約者または被保険者はその事実を速やかに損害保険会社もしくは代理店に通知しなくてはならないことは説明しましたが、自動車事故の場合には警察署、火災の場合には消防署等への通知・届出が必要なことはいうまでもありません。さらに、保険事故が発生した場合、保険契約者または被保険者は損害の防止・軽減に努めなければなりません。これを損害防止義務といいます。

損害保険会社に事故の通知をする際には、事故日時、場所、事故の状況、事故の当事者、損害保険契約の内容、その時点までの処置等を正確に伝えることが重要です。

保険契約者または被保険者もしくは代理店から事故の通知を受けた損害保険会社は、保険契約の内容を確認の上、事故現場への立会い、当事者からの事情聴取などを行い、場合によっては、警察、病院等の関係者からも聴取するなどの調査を行い、事故の状況、原因、程度、責任の所在などの事実関係を詳細に把握します。その上で、確認された事実に基づいて、その損害が、損害保険契約の内容に照らして、その契約で補償され、保険金の支払対象かどうかを検討します。さらに損害保険会社では、損害の範囲と金額を調査し、支払額の確定に向けて、被保険者等との打ち合わせを行います。自動車保険に示談代行サービスが付帯されている場合には被害者との交渉も開始されます。

こうした、一連の調査、交渉は、損害保険会社の損害部門の社員が行いますが、損害保険会社によって、あるいは保険種目によっては、損害調査専門の子会社や、社外の調査・鑑定機関に委託するケースもあります。船舶保険や貨物保険、海外旅行傷害保険などの海外での事故については、損害査定代理店に事故の受付、調査、保険金の支払いを委託することもあります。

こうした手続きを経て、被保険者との合意の上で、保険金として支払われる金額が確定します。損害保険会社は、保険金請求書類を確認の上で、保険金の支払いを行います。保険金を受け取るのは被保険者であることが一般的ですが、被保険者の指図によって、被害者、病院、整備工場などに支払われることもあります。

損害保険では保険法の規定により、損害保険会社が保険金を支払った場合に、保険契約者もしくは被保険者が第三者に対して有する権利（損害賠償請求権）を損害保険会社に移転できることになっています。これを保険代位権、または保険者代位権といいます。保険の目的について全損保険金が支払われたときは、被保険者がその目的に持っていた権利は、損害保険会社に移転します。これを残存物代位といいます。また、被保険者の損害が第三者の行為によって生じた場合には、損害保険会社は保険金を支払った後で、被保険者が第三者に対して有していた権利（損害賠償請求権）を代位取得できます。これを求償権代位といいます。

Ⅲ　損害保険市場と制度の枠組み

1　成長の余地がある日本の市場

(1)　損害保険事業者

本節では、わが国の損害保険市場について見ていきます。二〇一〇年一〇月末現在、わが国に本社を置いて事業免許を有している損害保険会社（日本法人）は二九社あります。このうち、再保険専門会社が二社あります。これらの会社のほか、支店もしくは代理店形式でわが国において損害保険営業を営んでいる会社が二二社あります。

(2)　市場規模

損害保険会社が一般の保険契約者と保険契約を結ぶことを元受保険といいますが、元受正味保険料とは元受保険から収入した保険料のことで、解約返戻金などは差し引いてあります。

わが国の保険市場では、支店もしくは代理店形式の会社の比重はさほど大きくありませんので、以下、日本法人としての損害保険会社について見ていきます（日本損害保険協会会員会社ベース）。

図３－１　正味収入保険料の種目別構成（2009年度）

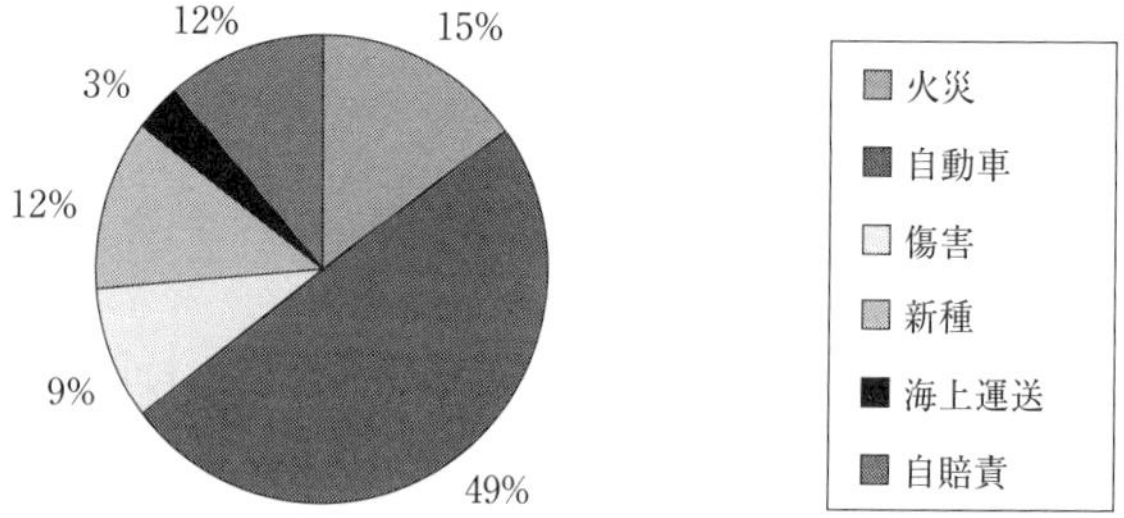

図３－２　正味収入保険料の推移

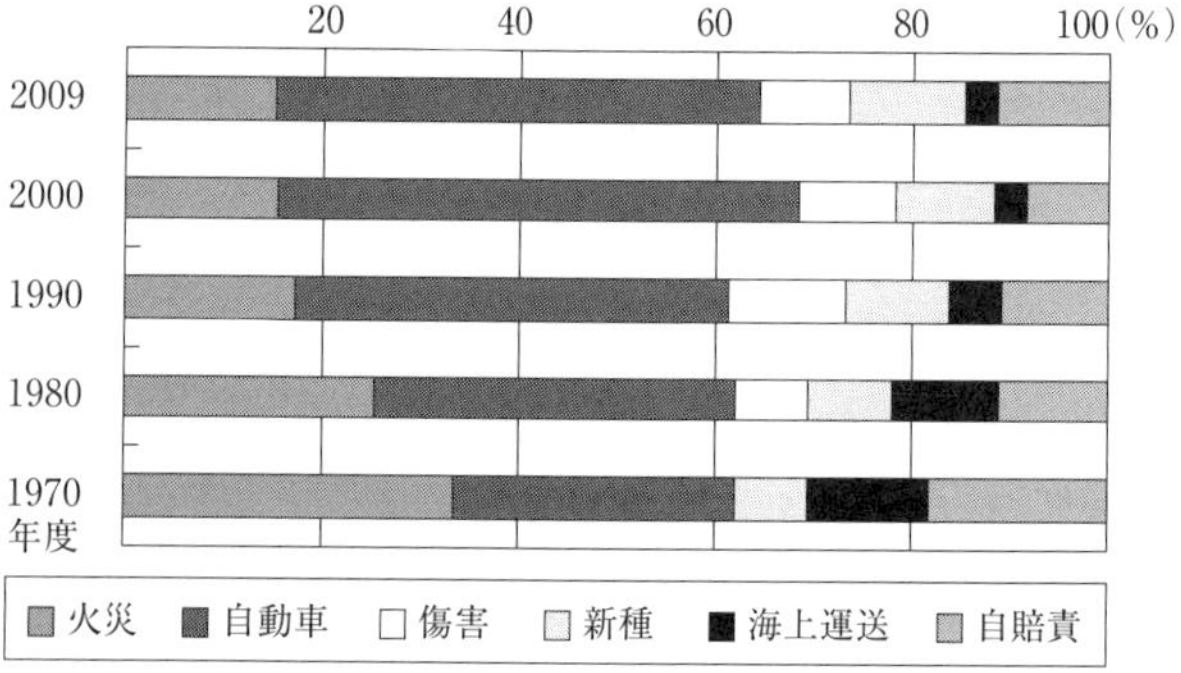

出所）図３－１、図３－２ともに、日本損害保険協会 HP より

元受正味保険料に後述する再保険取引の保険料を加減したのが、正味収入保険料です。この正味収入保険料は、損害保険会社のいわば売上高に相当するものです。二〇〇九年度におけるわが国の損害保険会社の正味収入保険料は六兆九七一一億円でした。これを保険種目別に見ると図３－１の通りになります。最もウエイトの高いのが自動車保険で四九％を占めています。自賠責保険を含めると、六割以上が自動車関連の

表3－1　主要国の市場規模比較（2008年）

国　名	元受収入保険料（百万円）	順位	占有率	対GDP割合（%）	順位	国民一人当たり保険料（円）	順位
アメリカ	68,078,137	1	37.2%	4.6	3	223,771	4
ドイツ	13,545,805	2	7.4%	3.5	9	161,626	8
イギリス	11,036,779	3	6.0%	2.9	15	131,104	17
日本	10,902,355	4	6.0%	2.2	31	85,217	24
フランス	9,440,555	5	5.2%	3.0	12	137,630	13
オランダ	7,575,382	6	4.1%	8.5	1	460,769	1
イタリア	5,967,443	7	3.2%	2.4	24	94,682	21
カナダ	5,890,674	8	3.2%	3.8	6	177,587	6
スペイン	4,923,197	9	2.7%	3.0	13	107,980	19
中国	4,623,314	10	2.5%	1.0	69	3,463	76
全合計	182,860,305	-	-	-	-	-	-

注）本表はスイス再保険会社"sigma/Swiss Re No. 8/2009"より作成した。

為替換算率は、2002年の平均レート（1 US＄=102.77円）を使用した。

各国の元受収入保険料には、一部共済も含まれている。

日本については、全国共済農業協同組合連合会の数値が加わっている。

出所）日本損害保険協会「日本の損害保険ファクトブック2010」


保険で占められていることになります。次いで火災保険一五％で、海上保険のウエイトは三％にすぎません。

これを、一九七〇年から一〇年おきに見てみましょう（図3－2参照）。火災保険、海上運送保険といった従来型の保険のウエイトが低下する一方で、自動車保険や、傷害保険、新種保険が伸張しているのがわかるでしょう。

わが国の損害保険市場を世界各国と比較してみましょう（表3－1参照）。全世界の損害保険の元受保険料は一八二兆円あります。

世界一の損害保険大国はアメリカで、全世界の損害保険料の三七・二％を占めています。日本は第四位でシェアは六・〇％です。しかし、正味収入保険料の国内総生産（ＧＤＰ）に占める割合で見るとオランダが八・五％と最も高く、アメリカは第三位、日本は二・二％で三一位にすぎません。国民一人当たり保険料でも、日本は第二四位にとどまっています（ちなみに第一位はオランダの四六万円です）。このように、日本は市場規模では世界第四位の損害保険大国ですが、対ＧＤＰ割合、国民一人当たり保険料で見ると、まだまだ成長の余地を残しているともいえましょう。

最近のわが国の損害保険市場を取り巻く経営環境を見てみると、少子高齢化や自動車保有台数の減少傾向が見られ始めたことが、今後、損害保険会社の経営に影響を及ぼしてくることが予想されます。自動車保険を中心に成長を続けてきたわが国の損害保険会社ですが、これからは、医療・介護など人の生存に伴うリスクを補償する分野のウエイトが高まっていくことが予想されています。

(3) 外国会社の日本進出

外国損害保険会社の日本への進出形態には、主に次の五通りがあります。

①日本法人

日本に法人格を有する損害保険会社を設立する方法です。

②支店・代理店

外国の損害保険会社が日本国内で支店・代理店形式で日本に進出してくるケースです。後述する通り、日本で損害保険事業を営むためには主務官庁による事業免許が必要です。この場合は保険業法に定める「外国保険会社等」として外国損害保険業の免許を受けることになります。

③総代理店

イギリスのロイズがこの形態で日本に進出してきています。保険業法の特定損害保険事業の免許を受け、総代理店を定めて日本で損害保険事業を営むものです。

④外国のブローカー

外国の保険ブローカーが、国内で代理店、保険仲立人として登録し営業しているものです。

⑤駐在員事務所

外国の損害保険会社が、専ら市場調査・情報収集のために駐在員事務所を置くものです。

このうち、日本で損害保険事業を営み保険料収入を得るのは①〜③の場合です。

図３－３　外国損害保険会社の元受正味保険料（2009年度）

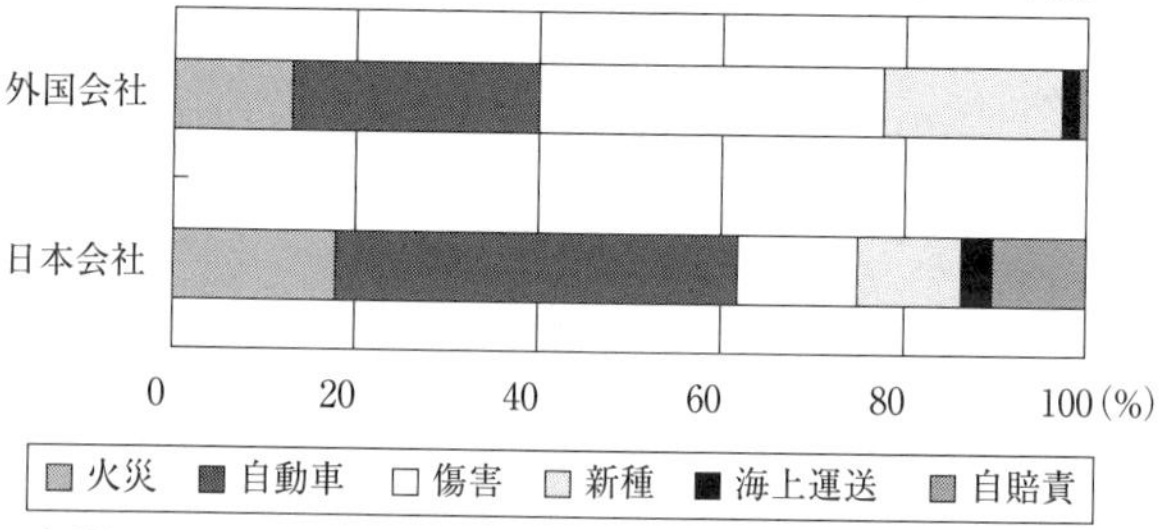

出所）日本損害保険協会HPより

②③に該当する外国損害保険会社の二〇〇九年度の元受正味保険料の種目別内訳は図３－３の通りです。日本会社と比較して、傷害保険のウエイトが高くなっているのが特徴です。

(4)　日本の会社の海外進出

一方、わが国の損害保険会社も、日本の企業の海外進出とともに、様々な形で海外進出を行っています。

進出形態としては、現地支店の設置、現地法人設立、現地の損害保険会社への代理店委託、現地法人が他国に支店・代理店を設置するもの、海外駐在員事務所の設置など、様々な方法があります。二〇一〇年四月現在、海外に支店代理店を持ち元受営業を行っているわが国の損害保険会社は八社、現地法人を有している損害保険会社は九社あります。

従来、わが国の損害保険会社の海外進出の目的は、海外進出した日本企業への損害保険サービスの提供のほか、再保険取引の拡大、情報収集等であり、外国の損害保険会社が日本に進出してきているように海外の企業・家計マーケットに本格的に参入しているケースは少なかったのですが、近年、外国保険会社の買収や保険会社の新規設立などによって、海外のローカルマーケットに進出するようなケースも出てきました。

2　法制度と行政

(1)　保険法・保険業法

損害保険事業は、危険負担という目に見えないサービスを商品として販売し、多数の保険契約者から保険料を集め、安全・有利に管理・運用し、保険事故の際には迅速に保険金を支払うという事業です。損害保険は国民生活の隅々まで行き渡っており、保険事業の運営が適切に行われないと、保険契約者・被保険者に対してはもちろん、社会・経済全般に極めて大きな影響をもたらすことが予想されます。このように損害保険事業は、社会性・公共性の高い事業であり、かつ健全性・安定性が強く求められています。こうしたことから、損害保険事業は様々な法律等により規定され、また行政当局による規制・監督が行われています。損害保険に関連する法律のうち、特に重要なものが保険法と保険業法です。

①保険法

保険法は、保険契約そのものに関する一般的なルールを定めた法律です。この法律には、保険契約の締結から終了までの間における保険契約における関係者の権利義務等が定められています。このような保険契約に関するルールは、従来は商法の中に定められていましたが、商法の保険契約に関する規定は、一八九九年の商法制定後一〇〇年近くにわたり、実質的な改正がなされていませんでした。

そこで、今回、この商法の保険契約に関する規定を全面的に見直し、独立した法律にしたものが新しい保険法で、二〇一〇年四月から施行されています。

②保険業法

保険業法は保険監督法の基本法で、保険業に携わる者（保険会社）が守らなければならない基本的な法律です。

保険業法は、損害保険事業・生命保険事業を対象にした、民間保険会社に関する法律です。もともと保険業法は、一九〇〇年に施行されたものですが、一九三九年に大幅改正されて以来、その後二〇回以上の小改正はあったものの、当時の骨格を残したままの法律でした。その間、保険事業を取り巻く環境が著しく変化したことから、ほぼ半世紀ぶりに全面改正され、その後も改訂が加えられています。全面改正された保険業法は、一九九五年六月に公布され、一九九六年四月に施行されています。保険業法は、第一条に次のような目的を掲げています。

「この法律は、保険業の公共性にかんがみ、保険業を行う者の業務の健全かつ適切な運営および保険募集の公正を確保することにより、保険契約者等の保護を図り、もって国民生活の安定および国民経済の健全な発展に資することを目的とする。」

損害保険料率算出団体に関する法律（以下「料団法」）は、一九四八年七月に公布・施行されたもので、現在この法律に基づいて、損害保険料率算出機構という料率算出団体が設立されています。料団法は、V章で述べるように日米保険協議と金融ビッグバンの影響で一九九八年六月に全面改正され、同年七月に施行されています。

これ以外にも、地震保険、自賠責保険等の個別の保険を対象にした単独法規が設けられています。

(2) 免許主義

保険業法は、保険業は免許を受けた者でなければ行うことができない（第三条）と規定しています。無免許で保険事業を営むことはできず、その場合には罰則が適用されます。免許には、損害保険業免許と生命保険業免許の二種類があります。保険業法における、損害保険・生命保険・第三分野の定義は三三ページに記載しましたが、損害保険業免許では損害保険と第三分野、生命保険業免許では生命保険と第三分野の営業ができることになっています。

免許の申請の際には、①定款、②事業方法書、③普通保険約款、④保険料および責任準備金の算出方法書の四種類の書類（基礎書類といいます）を添付した免許申請書を提出しなくてはなりません（保険業法第四条）。監督官庁は、こうした書類も含めて内容を厳重に審査し、免許の可否を判断します。

(3) 監督官庁

損害保険事業は、社会性・公共性の高い事業であり、かつ健全性・安定性が強く求められていることから、特別の業法を持ち、免許事業となっているわけですが、保険会社に対しては、以下の通り行政当局の監督が行われています。

戦前は、保険会社の監督官庁は農商務省（後には商工省）でしたが、一九四一年に大蔵省に移管され、最近まで大蔵省銀行局保険部が所管していました。その後、金融監督庁を経て、現在では、金融庁監督局保険課が損害保険会社、生命保険会社の監督を所管しています。保険課では、損害保険業の免許、一般的監督（基礎書類の変更認可、各種報告書の徴求、監督上必要な命令等）を行っています。従来保険会社の主務大臣は大蔵大臣でしたが、金融庁は内閣府の外局として位置づけられ、保険業法上主務大臣は内閣総理大臣になりました。

さらに、他の金融機関同様、損害保険会社に対しては金融庁検査局が定期的に立入検査を行います。検査は、保険会社の営業が適正に行われているか、健全な資産運用がなされているか、経営管理は的確か、などの点を中心になされます。検査結果は、保険課、並びに当該損害保険会社にフィードバックされ、監督・行政に役立つとともに、各損害保険会社の経営の改善にも反映され、保険契約者の保護に資している、とされています。

損害保険監督行政にあたる地方機関としては、財務省財務局（財務支局、沖縄総合事務局を含む）があります。地方における監督は、金融庁が財務省に委任した形になっています。

(4) 最低資本金

保険事業はその業務の性格上、一定以上の規模が必要であるとの判断から、保険会社の資本金（相互会社では基金）は一〇億円以上であることとされています（保険業法第六条）。さらに、株式会社または相互会社でなければならず、個人営業、合名・合資・有限会社等の組織による保険会社は認められず、それらには免許は与えられません。

(5) 商号・名称

保険会社については、事業免許を受けて保険業を行う者であることを明らかにし、保険契約者等の取引の安全を図るため、さらに、次項で説明する生損保兼営禁止の趣旨から損害保険会社と生命保険会社の識別を容易にするため、保険業法は「保険会社は、その商号又は名称中に、生

COFFEE BREAK

生命保険子会社の社名

損害保険会社が設立した生命保険子会社の名称が、東京海上あんしん生命、三井住友海上きらめき生命などと、社名の途中に「あんしん」「きらめき」という言葉が入っているのを不思議に思われた方も多いかと思います。

当初、損害保険会社は、生命保険子会社について「東京海上生命」「三井海上生命」といった会社名にしようと考えていましたが、当局は「海上」や「火災」は損害保険会社の名称にのみ使うことのできる言葉であり保険業法第７条違反になる、と認めませんでした。損害保険会社側は「○○海上」「○○火災」で固有名詞化していると主張しましたが、結局「海上」や「火災」と「生命」の間に言葉を入れることで落ち着いたわけです。

類似商号の問題のない同和、富士、日動の各社は問題がなかったのですが、それ以外の各社はどんな言葉を入れようか相当悩んだのでしょう。生命保険事業進出は、損害保険会社にとって社運を賭けた大プロジェクトでした。社名にも、各社の個性というか、思いがこもっているとは思われませんか。(146ページ参照)

命保険会社又は損害保険会社であることを示す文字を使用しなければならない」（第七条第一項）と規定しています。損害保険会社の名称には、火災保険、海上保険、傷害保険、自動車保険、再保険、損害保険のうち少なくとも一つは使用しなければならないことになっています。生命保険会社の場合は、「生命保険」を使用しなければなりません。

一九九六年以前の旧保険業法では、主要保険事業の種類を示すこと、と規定していました。したがって、歴史の長い損害保険会社は、設立当初の主要保険種類を名称に付し、○○海上火災保険、○○火災海上保険といった名称が多く見られます。

なお、保険業法第七条第二項は「保険会社でない者は、その商号又は名称中に保険会社であると誤認されるおそれのある文字を用いてはならない」旨も規定しています。

(6) 生損保兼営の禁止

同一の会社が、損害保険、生命保険二種類の免許をあわせて受けることはできません（保険業法第三条第三項）。損害保険、生命保険は同じ保険といっても、負担する危険の性格が大幅に異なり、保険期間にも差異があります。すなわち、生命保険は死亡データという正確で安定した統計的根拠に基づき、比較的長期の契約を扱うのに対して、損害保険は多種多様で不安定な損害率データに推定を加えた根拠に基づき、比較的短期の契約を扱っています。両者の兼営を禁止し、リスク遮断を行おうというのが、生損保兼営禁止の趣旨です。

なお、後述するように、一九九六年の保険業法改正によって、子会社方式による生損保相互乗り入れが可能になり、その後持株会社方式も可能になっています。

(7) 保険会社の業務

保険会社が行い得る業務は、保険業法において明確に決められています（保険業法第九七条以下）。これは、保険会社がいたずらに他の事業を営むことによる事業リスクから、保険契約者等の利益を遮断する必要があるためであるとされています。保険会社が行うことのできる業務は以下の通りです。

①固有業務　保険の引受、資産運用

②付随業務

・他の保険会社の業務の代理、事務の代行

・債務の保証（七三ページの保証保険、保証証券は固有業務である保険の引受にあたります）

・国債、地方債等の引受、引き受けた国債等の募集の取扱い（窓販）
・金銭債権の取得、譲渡（譲渡性預金、コマーシャルペーパー等の売買をいいます）
・私募債の取扱い

③法定他業

・公社債ディーリング
・社債の募集、管理の受託

付随業務とは、固有業務に当然に付随する業務と位置づけられている業務であるのに対し、法定他業は付随業務ほどの親近性はありませんが、保険会社の経営資源を活用して行わせることが適当と考えられる業務です。保険業法では、固有業務の遂行を妨げない限度において、主務官庁の認可を得て行うこととされています。

(8)　損害保険募集に関する規制

損害保険事業は、不特定多数の個人・企業に対する募集行為が営業の基盤となっています。保険契約者の保護の観点から、保険業法は保険募集についても規制を行っています。一九九六年の新保険業法以前の保険業法においては、保険募集に関しては保険業法ではなく「保険募集の取締に関する法律」（募取法）において定めていましたが、新保険業法では募取法は廃止され、保険業法にその内容の大半が移っています。

保険業法において、保険募集とは、「保険契約の締結の代理又は媒介をなすこと」と定義づけられています。損害保険の募集を行える者は、損害保険代理店、損害保険会社の役員・使用人、保険仲立人（ブローカー）に限られます。損害保険代理店、保険仲立人は、保険業法に基づき主務官庁の登録を受けることになっており、登録を受けないで保険募集を行うことはできません。代理店・ブローカーには、的確な商品知識、アドバイザリー機能・コンサルタント機能が求められることから、おのおの、試験制度、資格制度が設けられているのは七七ページ以下で説明した通りです。

保険業法は、契約者の利益を保護するために、代理店・ブローカー・直扱のいずれのケースにおいても、以下の行為をすることを禁止しています（保険業法第三〇〇条）。

・保険契約者又は被保険者に対して、虚偽のことを告げ、または保険契約の契約条項のうち重要な事項を告げない行為

・保険契約者又は被保険者が保険会社に対して重要な事項につき虚偽のことを告げることを勧める行為、若しくは保険契約者又は被保険者が保険会社に対して重要な事実を告げるの

を妨げ、又は告げないことを勧める行為

・保険契約者又は被保険者に対して、不利益となるべき事実を告げないで、すでに成立している保険契約を消滅させて新たな保険契約の申込みをさせ、又は新たな保険契約の申込みをさせてすでに成立している保険契約を消滅させる行為

・保険契約者又は被保険者に対して、保険料の割引、割戻しその他特別の利益の提供を約し、又は提供する行為

・保険契約者若しくは被保険者又は不特定の者に対して、一の保険契約の契約内容につき他の保険契約の契約内容と比較した事項であって誤解させるおそれのあるものを告げ、又は表示する行為

損害保険募集に関しては、保険業法のほかにも、消費者契約法、金融商品販売法（金融商品の販売等に関する法律）、金融商品取引法の規制も受けることになっています。

Ⅳ　損害保険の特殊性を知る

1　商品の様々な特質

(1)　商品の特殊性

損害保険事業は、多数の個人・企業について、将来の一定期間内に発生する偶然の事故による危険を負担し、個人・企業の経済的損失を補償する事業であり、それに対して損害保険会社が受け取る対価・報酬が保険料です。損害保険商品には次のような特殊性があります。

①供給の制約が少ない

損害保険商品は有形財ではありませんから、製造業のように工場や機械設備もしくは原材料等の資源的な要因によって供給が制約されるということはありません。もっとも、参入上の制約はいくつかあります。免許事業であり、一定規模以上の資本金が必要であることは説明しましたが、損害保険会社には一定のノウハウと損害保険料率算出のための基礎データが必要です。また、損害保険会社の危険負担能力は、各会社のソルベンシー（一三四ページ参照）に依存しますから、特に地震・台風等の巨大災害に関しては供給に制約があります。

②在庫が不要

保険商品は在庫を必要としませんから、在庫過剰、在庫不足は生じ得ず、在庫コストの問題もありません。

③原価の事後確定性

損害保険商品の原価は、主に保険金、それに事業費です。これらは、保険契約の締結時点では確定できず、保険期間が終了し、保険責任が確定して、保険集団としての原価が事後的にはじめて確定することになります。特に、損害保険の損害額は、生命保険の死亡率のように安定的なものではありません。損害保険会社は、原価を事前に正確に予測するために大量のデータを集め、保険集団としての保険金原価の期待値を導き出す努力をするわけですが（大数の法則）、損害保険会社が負担する危険は多種多様であり、地震・台風などの自然要因、景気・物価変動などの経済要因等、予測し難い要素も多く、容易ではありません。

④品質がわかりにくい

損害保険商品の品質は約款に記載した契約内容（補償内容）で示されますが、保険契約の内容は複雑であり、特に専門知識を持たない消費者と損害保険会社との間には、一般に情報の非対称性が存在します。しかも、商品の品質は契約内容よりも、実際に保険事故が発生したときの損害保険会社の対応によって具現化されます。このように、契約者は契約締結時には、商品の品質を判別しにくいというのも、損害保険商品の特徴です。

(2) 料率三原則

損害保険商品は、供給の制約が少ない、在庫の問題がないという特徴を持っていることから、通常の商品のように、需要の増加によって価格が高騰するようなことは、基本的にはありません。一方、原価の事後確定性があり、価格の下限を客観的に正確に決めることが困難であることから、自由競争に委ねると供給者側の競争が激しくなり、保険料が低下する可能性を常に有しているといえます。過当競争が生じると、損害保険会社は本来

COFFEE BREAK

保険のイメージ

「保険は好かれざる女神である」（アラン）という言葉があります。一般の商品の場合、消費者はその商品を買いたくて買うのでしょうが、保険を購入する人は買いたいから買うのではなく、買わないと怖いから買うわけです。保険は an unpleasant necessity（いやだけれど必要なもの）というのが、一般の偽らざる心境でしょう。

また、保険契約者は、事故がなければ保険料を損したと考え、事故が発生すれば、保険を付けていたことにホッとしつつも、基本的には悲しみや辛さの中で保険金を受け取ることになります。

このように、一般の商品と比較して、保険は好まれたり理解されたりすることがなかなか難しい商品です。

の危険負担に見合った保険料を収受できなくなり、資産内容を悪化させ、保険金支払ファンドが枯渇し、保険金発生時に満足な保険金の支払いができない、あるいは倒産するといった事態を招き、保険契約者・被保険者等に不利益をもたらす可能性があります。

アメリカ各州の保険法は、「保険料率は、高すぎてはならず（not excessive）、低すぎてはならず（not inadequate）、かつ、不当に差別的であってはならない（not unfairly discriminatory）」と規定しています。これを料率三原則といいます。このうち、「not excessive」と「not inadequate」は、収支相当の原則（一二一ページ参照）を意味しています。すなわち、保険料率は、保険金の支払いと損害保険会社の健全な経営を維持するのに十分でないといけないが、一方で儲けすぎてもいけないわけです。三つ目の、「not unfairly discriminatory」とは、危険度が同等であるリスクについては料率に差異を設けてはいけないことを意味します。

日本の保険業法、料団法も、「保険料率は、合理的かつ妥当、また不当に差別的であってはならない」と規定していますが、これも、アメリカの規定と同趣旨のものです。

(3) 自由化前の算定会制度

損害保険商品が前記のような特質を持つ中で、損害保険料を適正・妥当なものとするために、戦後、算定会制度が作られました。

一九四八年に施行された損害保険料率算出団体に関する法律（料団法）に基づいて、同年一一月に、中立的な料率算出機関として、損害保険料率算定会（損算会）が設立されました。損算会は、自動車・火災・傷害・家計地震・自賠責の五種目の保険について損害保険料率の算定を行っていましたが、一九六四年に自動車保険料率算定会（自算会）が分離・独立し、五種目のうち、自動車、自賠責保険の料率算定は自算会で行うという体制ができました。すなわち、損害保険商品のうち大宗を占める自動車・火災・傷害・家計地震・自賠責の五種目について、両算定会が損害保険料率の算定を行っていたわけです。

算定会には従前から法律等による加入義務はありませんが、国内に法人格を有している会社はもとより、海外の損害保険会社で支店・代理店形式等によって日本に進出してきている会社も含めて、ほぼ全社が会員となっています。このように、多数の損害保険会社が、自社の保険データを中立的な機関である算定会に集約・蓄積することによって、個別会社で行うよりも多くの保険データが集まり、より専門的な手法により、客観的で合理的・妥当な料率を算出できたわけです。

一九九八年六月以前、会員会社は、算定会に自社の保険料データ、事故データ（保険金データ）、経費データを提出することが義務づけられており、算定会はこれらのデータに基づいて営業保険料率を算出し、損害保険会社・算定会の監督官庁（当時は大蔵省）に届出を行うとともに、毎年その妥当性について検証を行っていました。当時の料団法は会員各社に算定会が算出した営業保険料率について使用義務を課しており、その結果、日本の損害保険（自動車、火災、傷害、家計地震、自賠責）は、商品内容（約款）も価格（保険料率）のいずれも損害保険会社によっての差異が生じなかったわけです。こうした、算定会並びに損害保険会社の行為は、独占禁止法の適用除外となっており、算定会制度はいわば政府公認の価格カルテルともいえる存在であったといえます。

算定会制度は、戦後の日本の損害保険マーケットに、損害保険商品を逆内外価格差ともいわれる、世界的に見ても安価で安定的な供給をもたらしていたのも間違いのない事実です。このような従来の算定会制度は、金融ビッグバンとそれに伴う金融システム改革法の流れの中で、一九九八年七月以降大きな変革を遂げたわけです。

2　巨大リスクに備える再保険

(1)　再保険の重要性

生命保険も損害保険も大数の法則を利用した事業ですが、対象とする人の生死に関する確率が安定している生命保険に対して、損害保険の扱うリスクは多種多様で、損害発生の確率にも変動が生じます。それでも住宅の火災保険や自動車保険などといった通常のリスクのように、同質のリスクを扱う保険契約の件数が大量にあるものは比較的問題が少ないのですが、損害保険の補償対象には、少数の巨大リスクや地域的に偏りのあるリスクも存在します。大型旅客機、マンモスタンカー、石油コンビナート、超高層ビルなどがその例です。これらの中には、一件当たりのリスクが数百億円に達するものも珍しくありません。通常のリスクは比較的安定している火災保険等でも、台風などの天災リスクは巨額になる場合があります。また、世の中の技術革新・社会の変化は極めて激しく、損害保険会社がこれまで経験したことのない新しいリスクを引き受けることも多く、これらの中には、事故発生確率を推計することすら困難な場合もあります。

図４－１　再保険と共同保険

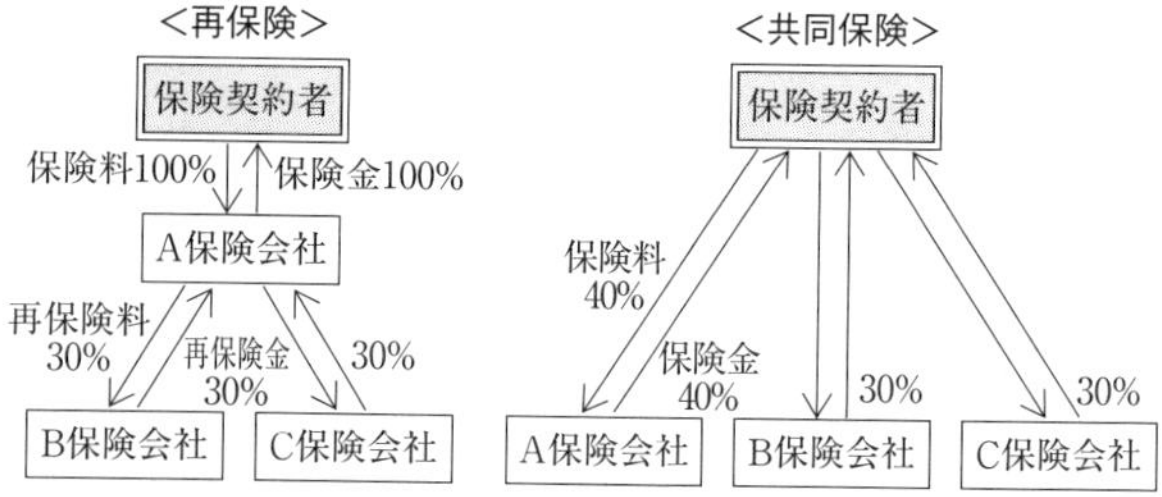

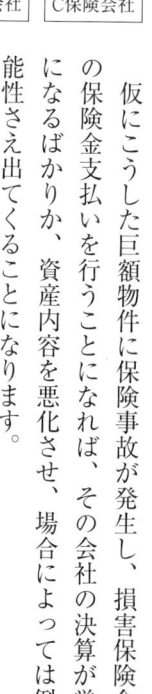

仮にこうした巨額物件に保険事故が発生し、損害保険会社が巨額の保険金支払いを行うことになれば、その会社の決算が厳しいものになるばかりか、資産内容を悪化させ、場合によっては倒産する可能性さえ出てくることになります。

損害保険会社は、引き受けた巨額リスクのうちの一定額について他の保険会社との間で保険契約を締結し、リスクを転嫁します（図４－１参照）。これが再保険です。これに対して、一般の契約者と保険会社が締結する保険契約を元受保険契約といいます。再保険の対象は元受保険契約であることが多いのですが、他の保険会社から引き受けた再保険契約をさらに別の保険会社に再保険することもあります。

引き受けたリスクのうち、全部または一部を再保険に出さずに自らの負担とすることを保有といいます。他の保険会社に再保険を引き受けてもらうことを出再（しゅっさい）、他の保険会社から再保険を引き受けることを受再（うけさい）といいます。

再保険の目的は、元受保険会社の危険を分散し、一危険当たりの責任の大きさを平均化することにあります。これによって、損害保険会社の経営の安定化が図られ、巨額リスクを抱える損害保険契約や経験の少ない契約でも損害保険会社は引受を行うことができ、契約者のニーズに応えることが可能になるわけです。各損害保険会社は、国内はもとより世界中の保険会社との間に再保険ネットワークを構築しています。例えば、大きな船舶や航空機の保険については、このネットワークで世界中の損害保険会社が直接間接に危険を負担しているといっても過言ではありません。

このように、再保険は、損害保険経営にとっては事業の安定性と引受能力を確保するために極めて重要なものです。生命保険においては、再保険は不可欠なものではなく特殊なケースにおいて行われるにすぎません。

(2) 共同保険

再保険と類似のものに共同保険があります。共同保険とは複数の保険者が一つの保険契約を共同で引き受けることをいいます。例えば、船舶について損害保険を付けようとするときに、複数の保険会社と契約する場合、ある一社を幹事会社と決め、手続きは契約者と幹事会社とが行い、契約関係は各分担会社が引き受けるという形になります。再保険のようにある保険会社がいったん引き受けた契約を転嫁するものではありませんが、これも巨額リスクの分散方法の一つといえます。

共同保険の場合、保険契約者と元受損害保険会社との契約関係はあくまで複数であり、図4－1の場合、A保険会社は四〇%の責任しか負いません。再保険の場合は、A保険会社は契約者に対しては一〇〇%の責任を負い、それをB、Cから三〇%ずつ回収するわけです。再保険契約は、あくまでも元受保険者（A保険会社）と再保険者（B、C保険会社）との契約で、保険契約者と再保険者（B、C保険会社）との間には直接の契約関係は存在しません。したがって、保険契約者は再保険者（B、C保険会社）に対して直接保険金を請求することはできませんし、元受保険者（A保険会社）も再保険者の再保険金不払いを理由に、保険契約者に対する元受保険金の支払いを拒むことはできません。

(3) 保有政策

損害保険会社が引き受けたリスクのうち、どれだけ出再し、どの程度を保有するかは、その損害保険会社の規模、ソルベンシーによる危険負担能力等にも依存しますが、損害保険会社の重要な経営判断の一つです。これを保有政策といいます。保有を大きくとりすぎている状態で大事故が発生した場合、巨額の保険金支払いによって、経営基盤を危うくすることにもなりかねません。逆に出再が多すぎると、せっかく収入した保険料を、再保険料として支出してしまい、収益機会を失うことになります。

(4) 契約方式による分類

再保険には様々な種類があり、目的に応じて使い分けられています。

①任意再保険 (facultative reinsurance)

元受保険会社が、引き受けた個々の契約について危険の大きさ等を判断し、必要と認めれば再保険者と個別に交渉し、引受の可否や条件を取り決める契約方式です。再保険者が引き受けるか否かは全くの自由(任意)です。任意再保険は、最も基本的な再保険の契約方式で、再保険取引の初期の段階では中心的な位置を占めていました。しかし、契約一件ごとに手続きが必要で事務処理上煩瑣(はんさ)なこと、他の保険会社が果たして引き受けてくれるかどうか不確実で、元受営業もしにくいことなどから、現在は、次の特約再保険が主流になっています。

②特約再保険（treaty reinsurance）

特約再保険とは、引き受けた個々の元受保険契約ごとに再保険契約の交渉を行うのではなく、あらかじめ出再保険会社と受再保険会社が、対象とする契約の範囲、保有金額、出再限度額等の取引条件を決めておき、出再保険会社は該当する元受保険契約を必ず出再し、受再会社は必ず引き受けるという方式です。さらに、任意再保険と特約再保険の中間の方式として、オープン・カバー（open cover）があります。この方式では、出再保険会社は出再するかどうかは自由ですが、受再保険会社は出再された元受保険契約については必ず引き受けなくてはならない義務を負う方式です。

(5)　責任分担方法による分類

①比例再保険（quota share treaty）

出再保険者と受再保険者が、対象とするすべての保険契約について一定の責任割合を約定しておき、対象となる保険契約について約定した割合に見合う再保険を受再保険者は必ず引き受けなくてはいけない方式です。受再保険者の引受保険金額に一定の限度額を設けることもあります。

②超過額再保険（surplus treaty）

出再保険会社が、あらかじめ自社で引き受けたリスクについていくらまで保有するかの一定額を決め、それを超過する部分を受再保険者が引き受ける方式です。

③超過損害額再保険（excess of loss treaty）

対象となる保険契約に損害が発生し、出再保険者の支払った保険金が、あらかじめ約定していた一定額（excess point といいます）を超過した場合、その超過部分についてあらかじめ約定していた限度（cover limit）の範囲内で再保険金を支払うものです。

(6) 再保険プール

加盟保険会社が、規約に基づいて引き受けたリスクの全部または一部をひとまとめにし、さらにこのまとめられたリスクを一定の割合で加盟保険会社に配分し直す仕組みを再保険プールといいます。すなわち、プールに加入している保険会社は引き受けた保険契約の一部または全部をプールに出再し、その上でプールから一定割合で受再するわけです。加入保険会社以外からプールに受再するケースや、プールから加入保険会社以外に出再するケースもあります。リスクが巨大で、個別に再保険の引受手を探すのが困難であったり、新しいリスクで過去のデータが不十分であるケースなど、通常の再保険が困難な場合や政策的な理由などから結成されます。わが国には、航空保険プール、自賠責保険プールなどが存在します。

3　損害保険会社の損益構造

(1)　損害保険会計の特色

損害保険会社の会計は、基本的には一般の企業同様、企業会計原則に準拠して行っていますが、損害保険事業の特殊性から、次の点で一般の事業会社の会計と大きく異なっています。すなわち、会計取引・勘定科目が一般の事業会社に類を見ないものであることはもちろんですが、最大の特色は、発生主義に基づく期間損益を適正に算出・表示するため「責任準備金・支払備金の繰入・戻入」という損害保険独特の決算整理をした上で損益計算をしていることです。

また、損害保険会計が会社法・金融商品取引法・税法等の諸規制を受けるのは一般の事業会社と同様ですが、一方で会社法等の規定では不十分あるいは不適切であることから、保険業法、保険業法施行規則といった特別法の規制を受けています。

(2) 損害保険会社の財務諸表

表4－1および表4－2は、損害保険会社の財務諸表の例です。一般の事業会社とは様式が大きく異なっていることがわかるでしょう。以下、主要項目を見ていきましょう。

(3) 保険引受収益・保険引受費用

損益計算書が経常損益の部と特別損益の部に分かれるのは、一般の事業会社と同様ですが、経常損益は、保険引受収益・保険引受費用、資産運用収益・資産運用費用、その他、に分かれます。保険引受収益・保険引受費用のうち最大のものが、正味収入保険料・正味支払保険金ですが、正味収入保険料とは、元受保険料＋受再保険料－出再保険料をいいます。正味支払保険金も同様に、元受保険金＋受再保険金－出再保険金です。正味収入保険料は損害保険会社の売上高に相当し、正味支払保険金は売上原価に相当します。積立保険の積立保険料部分は、収入積立保険料として、別表示されています。

諸手数料および集金費は、保険営業に係る諸手数料等を表示していますが、(a)代理店手数料－代理店に、保険料の一定割合を代理店手数料として支払っているもの、(b)集金費－団体扱保険等において団体に支払う保険料集金事務費、(c)受再保険手数料－収入した受再保険料の一定割合を出再保険会社に支払う手数料、(d)出再保険手数料－出再保険料の一定割合を再保険者から収入した金額、が含まれ、(a)＋(b)＋(c)－(d)が諸手数料および集金費になっています。

(4)　支払備金

正味支払保険金は、現金主義で計上されたものであり、年度末までに事故が発生していながら未払いのものについては、発生主義の見地から負債として認識する必要があります。このために損害保険会社は、期末に支払備金として未払保険金を積み立てています。支払備金は次項の責任準備金とともに保険契約準備金と呼ばれ、損害保険会社の主要な負債を構成しています。支払備金はその性格から、次の二つに分かれます。

・普通備金

決算期末において、個々の事故の発生について損害保険会社が報告を受けているもので、支払うべき金額が確定している未払いの保険金、支払義務があることは認められるが金額が未確定の保険金の支払見込額、訴訟中の保険金はその訴訟金額を、積み立てるものです。

・ＩＢＮＲ（Incurred But Not Reported ＝既発生未報告損害）備金

期末現在すでに発生した事故であってもいまだ損害保険会社に報告されていない事故につい

表4－1　貸借対照表の例　　（単位：百万円）

科目＼年度	平成20年度（平成21年3月31日現在） 金額	構成比	平成21年度（平成22年3月31日現在） 金額	構成比	比較増減
（資産の部）		%		%	
現金及び預貯金	**46,762**	**0.56**	**140,772**	**1.45**	**94,009**
現金	230		203		
預貯金	46,532		140,568		
コールローン	**320,300**	**3.81**	**86,400**	**0.89**	**△233,900**
買現先勘定	**302,893**	**3.60**	**150,969**	**1.56**	**△151,923**
買入金銭債権	**175,768**	**2.09**	**1,138,105**	**11.72**	**962,336**
金銭の信託	**8,688**	**0.10**	**11,778**	**0.12**	**3,089**
有価証券	**5,886,171**	**69.96**	**6,784,410**	**69.88**	**898,238**
国債	1,408,804		1,820,290		
地方債	181,606		170,832		
社債	665,205		639,301		
株式	2,198,974		2,736,832		
外国証券	1,349,663		1,347,394		
その他の証券	81,917		69,758		
貸付金	**520,540**	**6.19**	**459,465**	**4.73**	**△61,074**
保険約款貸付	19,561		18,926		
一般貸付	500,979		440,539		
有形固定資産	**264,369**	**3.14**	**256,754**	**2.64**	**△7,614**
土地	122,868		117,911		
建物	114,706		116,862		
建設仮勘定	8,416		4,444		
その他の有形固定資産	18,376		17,535		
無形固定資産	**652**	**0.01**	**631**	**0.01**	**△21**
その他資産	**737,022**	**8.76**	**692,320**	**7.13**	**△44,701**
未収保険料	2,344		3,128		
代理店貸	127,758		150,901		
外国代理店貸	26,921		25,092		
共同保険貸	15,500		18,364		
再保険貸	88,034		73,980		
外国再保険貸	29,175		29,612		
代理業務貸	37		6		
未収金	55,347		30,486		
未収収益	11,315		10,812		
預託金	14,067		14,125		
地震保険預託金	133,325		141,028		
仮払金	65,221		63,223		
先物取引差入証拠金	14,280		7,503		
先物取引差金勘定	115		159		
金融派生商品	152,437		122,753		
その他の資産	1,140		1,140		
繰延税金資産	**156,824**	**1.86**	**—**	**—**	**△156,824**
支払承諾見返	**4,845**	**0.06**	**3,178**	**0.03**	**△1,666**
貸倒引当金	**△11,352**	**△0.13**	**△16,739**	**△0.17**	**△5,387**
資産の部合計	8,413,488	100.00	9,708,046	100.00	1,294,557

科目＼年度	平成20年度（平成21年3月31日現在）金額	構成比	平成21年度（平成22年3月31日現在）金額	構成比	比較増減
（負債の部）		%		%	
保険契約準備金	5,840,725	69.42	5,657,118	58.27	△183,606
支払備金	842,109		819,359		
責任準備金	4,998,615		4,837,759		
短期社債	67,953	0.81	—	—	△67,953
社債	95,000	1.13	30,000	0.31	△65,000
その他負債	752,743	8.95	1,809,183	18.64	1,056,440
共同保険借	10,184		17,093		
再保険借	57,726		52,287		
外国再保険借	47,711		56,489		
債券貸借取引受入担保金	114,355		1,087,058		
借入金	250,044		195,039		
未払法人税等	4,128		33,874		
預り金	21,861		29,756		
前受収益	301		162		
未払金	39,254		163,937		
仮受金	62,526		61,259		
先物取引差金勘定	6		9		
借入有価証券	277		—		
金融派生商品	139,032		107,526		
リース債務	5,328		4,683		
その他の負債	4		4		
退職給付引当金	146,169	1.74	156,815	1.62	10,645
賞与引当金	13,702	0.16	16,843	0.17	3,141
固定資産解体費用引当金	3,359	0.04	1,603	0.02	△1,755
特別法上の準備金	53,462	0.64	57,672	0.59	4,210
価格変動準備金	53,462		57,672		
繰延税金負債	—	—	59,490	0.61	59,490
支払承諾	4,845	0.06	3,178	0.03	△1,666
負債の部合計	6,977,961	82.94	7,791,907	80.26	813,945
（純資産の部）					
資本金	101,994	1.21	101,994	1.05	—
資本剰余金	123,521	1.47	123,521	1.27	—
資本準備金	123,521		123,521		
利益剰余金	500,780	5.95	572,735	5.90	71,954
利益準備金	81,099		81,099		
その他利益剰余金	419,681		419,635		
固定資産圧縮積立金	17,720		18,431		
特別準備金	235,426		235,426		
繰越利益剰余金	166,534		237,778		
株主資本合計	726,296	8.63	798,251	8.22	71,954
その他有価証券評価差額金	692,387	8.23	1,101,486	11.35	409,099
繰延ヘッジ損益	16,843	0.20	16,401	0.17	△441
評価・換算差額等合計	709,230	8.43	1,117,888	11.52	408,657
純資産の部合計	1,435,527	17.06	1,916,139	19.74	480,612
負債及び純資産の部合計	8,413,488	100.00	9,708,046	100.00	1,294,557

表４－２　損益計算書の例

（単位：百万円）

科目＼年度	平成20年度（平成20年4月1日から平成21年3月31日まで）	平成21年度（平成21年4月1日から平成22年3月31日まで）	比較増減
	金額	金額	
経常収益	**2,367,104**	**2,257,690**	**△109,413**
保険引受収益	**2,181,710**	**2,113,776**	**△67,934**
正味収入保険料	1,813,412	1,736,082	△77,329
収入積立保険料	156,983	130,431	△26,552
積立保険料等運用益	68,365	63,757	△4,607
支払備金戻入額	26,989	22,746	△4,242
責任準備金戻入額	115,821	160,649	44,828
その他保険引受収益	138	108	△30
資産運用収益	**175,753**	**136,295**	**△39,458**
利息及び配当金収入	158,317	108,453	△49,863
金銭の信託運用益	38	1,219	1,181
売買目的有価証券運用益	133	—	△133
有価証券売却益	71,673	72,273	600
有価証券償還益	415	1,494	1,079
金融派生商品収益	12,913	11,438	△1,475
為替差益	—	2,013	2,013
その他運用収益	627	3,159	2,532
積立保険料等運用益振替	△68,365	△63,757	4,607
その他経常収益	**9,639**	**7,619**	**△2,020**
経常費用	**2,297,480**	**2,110,289**	**△187,190**
保険引受費用	**1,793,838**	**1,746,245**	**△47,593**
正味支払保険金	1,144,869	1,096,461	△48,407
損害調査費	78,200	82,004	3,803
諸手数料及び集金費	314,011	304,459	△9,551
満期返戻金	253,506	259,581	6,075
契約者配当金	308	594	285
為替差損	2,493	2,625	132
その他保険引受費用	448	518	69
資産運用費用	**145,853**	**35,874**	**△109,978**
金銭の信託運用損	2,619	—	△2,619
売買目的有価証券運用損	—	134	134
有価証券売却損	26,495	4,391	△22,103
有価証券評価損	66,183	24,857	△41,326
有価証券償還損	8,601	5,223	△3,378
為替差損	5,302	—	△5,302
その他運用費用	36,650	1,267	△35,383
営業費及び一般管理費	**343,005**	**316,108**	**△26,897**
その他経常費用	**14,782**	**12,061**	**△2,721**
支払利息	6,980	4,630	△2,349
貸倒引当金繰入額	3,138	5,559	2,421
貸倒損失	282	24	△257
その他の経常費用	4,381	1,846	△2,535

科目＼年度	平成20年度 (平成20年4月1日から 平成21年3月31日まで) 金額	**平成21年度 (平成21年4月1日から 平成22年3月31日まで) 金額**	**比較増減**
経常利益	**69,624**	**147,401**	**77,776**
特別利益	**66,622**	**3,812**	**△62,810**
固定資産処分益	3,214	2,930	△284
特別法上の準備金戻入額	62,165	—	△62,165
価格変動準備金	(62,165)	(—)	(△62,165)
固定資産解体費用引当金戻入額	—	498	498
その他特別利益	1,242	383	△858
特別損失	**9,445**	**17,819**	**8,374**
固定資産処分損	1,680	2,622	942
減損損失	693	8,862	8,169
特別法上の準備金繰入額	—	4,210	4,210
価格変動準備金	(—)	(4,210)	(4,210)
関係会社株式評価損	—	2,120	2,120
関係会社株式売却損	—	3	3
関係会社出資金評価損	6,143	—	△6,143
その他特別損失	928	—	△928
税引前当期純利益	**126,801**	**133,393**	**6,591**
法人税及び住民税	**26,940**	**38,837**	**11,896**
過年度法人税等	**—**	**8,947**	**8,947**
法人税等調整額	**28,756**	**△8,847**	**△37,604**
法人税等合計	**55,697**	**38,937**	**△16,760**
当期純利益	**71,104**	**94,456**	**23,351**

ても考慮しないと、支払備金の計上不足となり、会計上も不健全です。ＩＢＮＲ備金は普通備金と異なり個別見積りができないので、一定の方式によって見積もることとされています。

(5) 責任準備金

責任準備金にはいろいろな種類があります。その主なものは、①普通責任準備金、②異常危険準備金、③払戻積立金、④契約者配当準備金、⑤自動車損害賠償責任保険の義務積立金・調整準備金・運用益積立金・付加率積立金、⑥地震保険の危険準備金です。

・普通責任準備金

地震保険・自賠責保険を除くすべての種目では、各種目ごとに未経過保険料と初年度収支残を計算し、おのおのいずれか大きい方を普通責任準備金として積み立てることになっています。未経過保険料と初年度収支残とは、計算方法は異なっていますが、いずれも未経過責任に対する負債の積立であり、いずれか大きい方を積み立てるという考え方は、保守主義の会計原則を採用したものです。

未経過保険料とは、当年度およびそれ以前に収益として認識された保険料のうち、翌年度以降の保険期間に対応する部分であり、保険料に未経過割合（未経過保険期間／保険期間）を乗じた概念です。これは、損害保険事業が大数の法則に基づいて成立しており、未経過期間の危険負担の期待値が未経過保険料に一致する、という考え方に立っているものです。

初年度収支残とは、当期の保険料からその契約について生じた保険金、事業費、支払備金を差し引いた残高を繰り越すという考え方に基づいて計算されます。

・異常危険準備金

損害保険事業が大数の法則に基づいた制度であるといっても、大数の法則には単年度で実現するのではなく、もっと長いレンジの期間の経過を待ってはじめて均衡するものもあります。例えば地震災害をはじめとする各種の巨大災害がこれにあたります。また、保険料率は過去の損害統計を基準に算定されますが、予定された損害率と現実の損害率との間に大きく差が生じることもあり得ます。異常危険準備金は、これらの事態に備え保険金の支払いに万全を期すために、毎年保険料の一定割合を累積的に積み立てていく準備金で、異常災害が生じた場合には取り崩すこととされています。

・払戻積立金・契約者配当準備金

積立保険の満期返戻金、契約者配当金のファンドとして積み立てられているものです。払戻積立金は、将来支払うことが予定されている満期返戻金の予定利率による複利原価相当額が積み立てられています。払戻積立金と契約者配当準備金は、積立保険の満期時における支払いの原資となるもので、いわば契約者からの預かり資産であり、この二つを指して長期性資産と呼ぶことがあります。

(6) 資産運用収益、資産運用費用、その他

・資産運用収益

損害保険会社の主な収益源は、損害保険の引受から生じる利益と資産運用収益です。今後自由化によって損害保険の引受から生じる利益は減少していくことも予想され、資産運用収益の重要性がますます高まっていきます。損害保険会社の資産は、自己資本、保険料を入金してから保険金・事業費等で支出されるまでの運用可能資金、積立保険の預かり資金（長期性資産）等からなっていますが、損害保険会社はその資産を、有価証券、貸付金、不動産等で運用し、収益を挙げています。損益計算書上の資産運用収益は、利息配当金収入や資産売却益などから長期性資産の予定利率部分および契約者配当金部分などを積立保険料等運用益相当額として控除された数字になっています。すなわち、そのネット金額は長期性資産等の利差益とそれ以外の資産から生じた収益を意味しています。

・営業費および一般管理費

損害保険会社の人件費（退職給与引当金、賞与引当金繰入額を含む）、物件費、減価償却費、税金（法人税、法人住民税を除く）といった経費を表示しています。なお、このうち保険金支払に係る費用は損害調査費として保険引受費用に含まれています。

(7)　特別損益

・価格変動準備金

価格変動準備金は、資産区分ごとに積立基準率・積立限度率が定められており、期末の各資産の簿価に積立基準率を乗じた金額以上を積立限度額（期末の各資産の残高に積立限度率を乗じた金額の合計額）に達するまで繰り入れることとされています。対象資産、積立基準率、積立限度率は、各資産種類ごとのリスクに応じて定められています。対象資産の売却損、評価損、為替差損、償還損が売却益、為替差益、償還益を上回る場合、すなわち、キャピタルロスが出た場合は、価格変動準備金を取り崩すことができます。

(8) 損害保険会社の財務諸表分析

以下、損害保険会社の財務諸表を見て、経営状態を判断する際のポイントになる代表的な経営指標を見ていきましょう。

・正味損害率（net loss ratio）

正味損害率（W／P）＝正味支払保険金＋損害調査費／正味収入保険料

損害率は、保険金を保険料で除した割合ですが、分子に損害調査費を加えて計算・表示するのが一般的です。損害率は損害保険会社のアンダーライティングの良否を示すものとされ、低い方がよいことは言うまでもありません。ただ、営業保険料（積立保険料は除く）のうち純保険料の割合を予定損害率ということがありますが、予定損害率は当然保険種目ごとに異なっていますので、予定損害率の高い保険種目の構成比の大きい損害保険会社の損害率が高いのはむしろ当然です。損害率の分析にあたっては、保険種目別の損害率、保険料構成比の状況を検討することも必要です。

前記式による損害率は、支払保険金を収入保険料で除したものであり、リトンペイドベーシス（written to paid basis、W／P）と呼ばれる方法で、わが国で広く用いられている方法です。この方法は、理解しやすく計算も容易ですが、発生ベースの収益状況を把握するために、アーンドインカードベーシス（earned to incurred basis、E／I）の損害率で見た方がより実態を反映しています。

正味損害率（E／I）＝正味発生保険金＋損害調査費／正味既経過保険料

このうち、既経過保険料＝正味収入保険料＋前期末未経過保険料－当期末未経過保険料の式で計算され、その事業年度の保険責任に相当する保険料です。同様に、発生保険金＝正味支払保険金－前期末支払備金＋当期末支払備金で計算されます。

・正味事業費率（net business expense ratio）

正味事業費率＝正味事業費－損害調査費／正味収入保険料

正味事業費を正味収入保険料で除したものを正味事業費率といい、損害保険会社の経営効率を示す指標です。自由化の進展に伴い、損害保険会社の収益環境は厳しさを増してくるものと思われますが、この正味事業費率を抑えることが一層重要な課題になってきています。正味事業費は損益計算書上、損害調査費、諸手数料および集金費、営業費および一般管理費の合計ですが、損害調査費を除いて計算するのが一般的です。ただし、営業費および一般管理費の中には資産運用に係る経費（投資経費といいます）が含まれていますので、通常それを除いて計算します。

・コンバインド・レシオ（combined ratio）

正味損害率と正味事業費率の合計をコンバインド・レシオといい、一〇〇％を下回る部分が損害保険会社の保険事業そのものの収益性を示すものです。また、正味収入保険料から正味支払保険金・正味事業費を控除したものを営業収支残高といい、営業収支残高を正味収入保険料で除したものを営業収支残高率といいます。

・運用資産利回り

運用資産利回り＝資産運用収益／月平均運用額

資産運用収益（地震保険運用益・雑利息を除く）を運用資産の月平均運用額で除したものを運用資産利回りといいます。これは、損害保険会社の資産運用力を示す指標です。したがって、損害保険会社が公表する運用資産利回りには、償還損益や売却損益が含まれていないので注意が必要です。

・ソルベンシー・マージン比率

以上が、損害保険会社の収益性に関する指標ですが、損害保険会社の場合は、支払能力・担保力・安定性を見ることが重要です。安定性の指標としては、自己資本比率などが、一般によく知られています。

損害保険会社の担保力・支払能力を示すものとしてソルベンシー（solvency）という言葉が使われます。ＥＵ諸国では損害保険事業を営むにあたり必要最小限のソルベンシーを確保することを義務づけているなど、支払能力に関して行政上の基準・規制を設けている国が多いようです。本来の保険契約上の義務は、保険契約準備金（支払備金・責任準備金の総称）として、会計上負債に認識していますが、それを超える種々のリスクに備えるために、自己資本や含み益などを有している必要があります。こうした保険契約準備金を超えた支払余力をソルベンシー・マージンといいます。その指標として、ソルベンシー・マージン比率が用いられますが、それは次の式で示されます。

ソルベンシー・マージン比率＝ソルベンシー・マージン／リスクの合計額

分子の「ソルベンシー・マージン」は、自己資本、価格変動準備金、異常危険準備金等の準備金の合計額、有価証券や土地の含み益の一定割合等の合計額です。分母の「リスクの合計額」は、保険リスク（巨大災害リスクを含む）、資産運用リスク等、損害保険会社が抱えるリスクを数値化し合計したものです。

(9) 国際会計基準の導入

ＩＦＲＳ（International Financial Reporting Standards）という言葉を最近いろいろなところで目にするようになりました。ＩＦＲＳは「国際会計基準」または「国際財務報告基準」と訳されていますが、国際的に適用される単一の会計基準を目標として、国際会計基準審議会（International Accounting Standards Board、ＩＡＳＢ）等により設定される会計基準の総称です。金融庁は、二〇一二年に日本の企業に対してこのＩＦＲＳの強制適用を行うかどうかの可否および強制適用をする時期を決めることになっています。損害保険会社においても例外ではなく、早ければ二〇一五年度にもＩＦＲＳが適用される可能性があります。

ＩＦＲＳ適用によって損害保険会社の会計基準は大きく変わることが予想されますが、最大の変更点は責任準備金・支払備金といった保険負債の評価方法が時価ベースになることです。これに伴ってソルベンシー・マージン比率についても、時価ベースで算出される方向で検討が進められています。

V　損害保険の自由化

1　自由化・規制緩和の流れ

損害保険を含めた保険業界は、従来は護送船団方式の典型ともいわれ、自由化・規制緩和の流れの最後尾を走っていたといえるかもしれません。それが、金融ビッグバンによって、損害保険は、いわば自由化・規制緩和のフロントランナーになり、ビッグバンの最前線に押し出されたわけです。こうした動きの背景には、一九九六年の保険業法の改正、日米保険協議、金融ビッグバンのおのおのが複雑に折り重なっています。まず、本節では全体の流れを概観し、次節以降でおのおのの項目について、何が変わったのか、何が変わろうとしているのかを見ていきましょう。

(1)　日米保険協議①

保険という論点が日米両国政府の課題として表面化したのは、一九九三年七月の東京サミットと同時期に開催された宮沢喜一首相（当時）とクリントン米大統領（当時）との日米首脳会談で日米包括経済協議の枠組みが合意され、その中の「規制緩和・競争」に政府調達、自動車・自動車部品とともに保険が優先三分野の一つとして取り上げられたことに始まります。

その時点でのアメリカの要求は、①保険制度改革、②第三分野の自由化先送り、③系列取引の改善、などでした。次項で述べるように、ちょうどその時期は保険制度改革（保険業法の改正）の中身を詰めていたタイミングで、一九九二年に保険審議会答申がとりまとめられ、保険業法改正の骨格・方向性が決まっていましたが、①の保険制度改革については、ブローカー制度の導入等、アメリカの要求を踏まえたものであった、といえましょう。②の第三分野の自由化先送りについては、一九九二年保険審議会答申では、「傷害・疾病・介護分野については、生命保険会社、損害保険会社本体で幅広い取扱いを可能とすることが適当」との方向性が示されていたものの、「外国保険事業者を含む中小保険会社に配慮して、その時期および方法等について十分配意する」と、アメリカの要求にも配慮した内容となっていました。

アメリカ系保険会社は第三分野に強く依存しており、アメリカ系保険会社のこうした既得権に、保険制度改革（保険業法の改正）による自由化・規制緩和の悪影響が及ぶことをアメリカ側が懸念し、一九九二年の答申の内容をより厳密に新保険業法に反映させたい、というのが日米保険協議の動機であったというのが定説になっています。日米保険協議はその後一六回にわたる交渉を経て、一九九四年一〇月にいったん決着しました。

(2) 保険業法の改正

九七ページに記載したように、もともと保険業法は一九〇〇年に施行されたものですが、戦前の一九三九年に大幅改正されて以来、当時の骨格を残したままの法律でした。その後、第二次世界大戦を経て、日本経済の高度成長、モータリゼーションの進展、金融の自由化・国際化、人口の高齢化等、保険事業を取り巻く環境が著しく変化したことから、一九八九年から保険審議会において、保険業法のほぼ半世紀ぶりの全面改正に向けた検討が開始されました。一九九二年には前述の「新しい保険事業の在り方」と題する保険審議会答申がとりまとめられ、保険制度改革の方向性が示されました。それを踏まえ一九九四年には「保険業法等の改正について」と題する保険審議会報告がとりまとめられ、改正法案の骨格が示されました。さらに、一九九五年の国会審議を経て、同年六月に新保険業法は公布され、一九九六年四月に施行されています。このように、新保険業法は検討開始から、法施行まで七年の年月をかけて論議されたものでした。

業法改正の内容の詳細は次節で説明しますが、一九九四年一〇月の日米保険協議の合意内容を踏まえて、アメリカ系保険会社の第三分野における既得権の保護のために、新保険業法には「外国保険会社の経営環境に急激な変化をもたらし、事業の健全性の確保に欠けるおそれの生じることのないよう……」（附則第一二一条）という条文まで加えられたのです。

(3)　日米保険協議②

保険業法改正の最大の項目の一つが子会社方式による生損保相互参入でした。保険業法改正の全体像が明らかになって以降、生損保会社は大手社を中心に着々と子会社の設立・開業に向けた準備を進めており、一九九五年の新保険業法公布後、子会社の設立や規模を発表する会社が相次ぎました。

一九九四年に決着したはずの日米保険協議が再燃した時期ははっきりしませんが、こうした動きのあった一九九五年一〇月ごろと思われます。生損保の大手社が、子会社によってそれぞれアメリカ系保険会社の収益源であった第三分野にも進出しようとしたことに、アメリカ側が改めて危機感を募らせたわけです。

今回の交渉は、本来分野（生命保険分野・損害保険分野）の自由化・規制緩和と、第三分野の既得権保護のための規制維持という、一見相容れない二つのテーマが争点になりました。アメリカ側の目的である第三分野の既得権保護のための規制維持だけでは、グローバル・スタンダードにも反し、日本国内の世論の支持も得られないことから、アメリカ側は本来分野、特に損害保険分野の自由化・規制緩和を主張しました。すなわち、第三分野の自由化・規制緩和を実施する前に、損害保険分野の自由化・規制緩和を実施すべきであるという論法で、主張を展開したわけです。

交渉は一九九六年にまでもつれ込み、極めて難航しました。特に、損害保険分野の自由化・規制緩和に関しては、当初は届出制の拡大、純率算定会制度（一五〇ページ参照）の範囲の拡大といった程度のものでしたが、自動車保険の通信販売の解禁、算定会制度の改革・自由化とどんどんエスカレートしていきました。

日米保険協議は一九九六年秋に入っても決着しませんでした。一九九六年八月に生命保険会社が損害保険子会社を、損害保険会社が生命保険子会社を設立して事業免許を取得、一〇月から実際に営業を開始しましたが、日米保険協議の影響で、生命保険会社の損害保険子会社は傷害保険の取扱いを、損害保険会社の生命保険子会社はガン・医療保険の取扱いをおのおの制限させられるといった不自然な船出を強いられました。

(4) 日本版ビッグバン

こうした膠着状態を打開するキッカケになったのが、金融ビッグバン構想でした。一九九六年一一月、橋本龍太郎首相（当時）は金融システム改革を二〇〇一年までに実施するよう、大蔵大臣と法務大臣に指示しました。

金融ビッグバンは、「フリー・フェア・グローバル」の三原則の下に、金融システム改革を実施していこうとするものでした。金融ビッグバンの基本思想は、市場機能を最大限重視し、市場参加者の自己責任を基礎として、できる限り広範囲からの市場への参加を認め、透明性の高いルールの下で、金融分野を運営しようとすることにありました。すなわち、自由化・規制緩和を実現し、自由かつ公正な金融・資本市場の構築を目指しました。

そのため、それ以前の事前予防的な行政は極力なくすとともに、個々の金融機関に自発的かつ厳正なリスク管理を求め、経営に失敗した金融機関には、スムーズな形での市場からの退出を求める一方、市場ルールの違反者には、機動的かつ厳格な制裁を加え、市場の信認を確保・維持するという仕組み作りを行いました。ここでいう市場とは、証券取引市場のようなマーケットだけを指すのではありません。損害保険でいえば、損害保険市場全体を指し、損害保険会社および保険契約者の双方に対して、自己責任が求められることになります。

従来の制度改革が、段階的・漸進的であったのに対して、金融ビッグバンの特徴は、多数の項目について期限を切って急激に行おうとしたことでした。このような従来にない方法をとった背景には、先進諸外国では、金融の自由化、国際化、証券化が急速に進展し、制度面でも激変する金融環境に対応した環境整備が次々と行われ、金融機関も、激変する金融・資本市場への十分な対応を進めるに至っている一方、保険会社や証券会社を含む日本の金融・資本市場と金融機関が、不良債権問題への対応に追われて、国際競争力の面で著しく遅れをとってしまったという認識がありました。

金融ビッグバンによって、先進諸外国に何とかキャッチアップし、二一世紀を迎える二〇〇一年までに、日本の金融・資本市場の魅力を高めるとともに、わが国の金融機関の競争力を回復して個人金融資産の流出を防ぎ、わが国の金融市場がニューヨーク・ロンドン並みの国際金融市場となって再生することを目指していました。

(5) 日米保険協議の合意

金融ビッグバンを受けて、日米保険協議は大きく進展しました。すなわち、交渉当局は損害保険分野の自由化・規制緩和に関して大幅な譲歩をすることによって、膠着していた日米保険協議の合意を図ることが可能になったわけです。

一九九六年一二月の日米保険協議の合意内容は多岐にわたっていますが、重要なポイントは次の通りです。

①損害保険分野の自由化・規制緩和

・算定会料率の使用義務を廃止することによって、算定会制度の抜本的改革を図る（一九九八年七月）。

・リスク細分型自動車保険を認可する（一九九七年九月）。

②第三分野の既得権保護（激変緩和措置）

・損害保険会社の生命保険子会社には、医療保険・ガン保険の販売を制限する。

・生命保険会社の損害保険子会社には、傷害保険の販売を制限する。

・こうした激変緩和措置は、損害保険分野の自由化・規制緩和が実行された二年半後（すなわち二〇〇一年一月）に解除される。

言うまでもなく、損害保険事業にとっての最大のポイントは算定会料率の使用義務の廃止でした。このような経過を経て、いわば外圧によって、損害保険料率は自由化されたわけです。

(6)　保険審議会・金融システム改革法

日米保険協議の合意、および金融ビッグバンに関する橋本首相の指示を受けて、一九九六年一二月に保険審議会総会が開かれました。保険審議会では、その下部組織として基本問題部会を設置し、①算定会の改革等、自由化措置（損害保険料率の自由化）のほか、②業態間の参入促進、③持株会社制度の導入、④銀行等による保険窓販、⑤トレーディング勘定への時価評価の適用、の合計五つの論点を主要な検討項目として審議することが決められました。一九九七年一月以降六月まで、基本問題部会はこれらの論点を一〇回にわたり論議を行い、その審議結果を「保険業の在り方の見直しについて」としてとりまとめ、六月一三日に保険審議会はそれを承認し、保険審議会報告として大蔵大臣に提出しました。

保険審議会に加えて、金融制度調査会、証券取引審議会も、金融ビッグバンの具体的な改革案を、同じく六月一三日に各報告書として大蔵大臣に提出しました。こうした一連の改革案が、金融システム改革法案として一九九八年の通常国会に提出され、六月に可決・成立しました。

2 保険業法の改正

損害保険のビッグバンの説明をする前に、それと極めて関連の深い一九九六年に施行された保険業法の改正について、その内容を見ていきましょう。当時、業法改正は、保険制度改革と呼ばれ、①規制緩和・自由化の推進、②保険業の健全性の維持、③公正な事業運営の確保、の三つが柱であるとされていました。中でも、規制緩和・自由化の推進は主要な柱の一つでしたが、あくまでも、ステップ・バイ・ステップの段階的・漸進的な規制緩和・自由化を目指したものだったといえます。

(1)　自由化・規制緩和の推進

・生損保相互参入

一九九六年改正前保険業法（本節では旧業法といいます）においては、保険事業についての明確な定義はありませんでしたが、新保険業法では、保険事業を生命保険固有分野、損害保険固有分野、第三分野おのおのについて規定し、生命保険会社は生命保険固有分野と第三分野の保険を、損害保険会社は損害保険固有分野と第三分野の保険を行うものとされました。生命保険固有分野、損害保険固有分野を同一の保険会社が行ってはいけないという生損保兼営禁止の規定が維持される一方、新保険業法によってはじめて、子会社方式による生損保相互乗り入れが認められました。すなわち、生命保険会社は損害保険会社の五〇％超の株式を、損害保険会

表５－１　生損保相互参入によって設立された損害保険・生命保険子会社一覧（設立当時）

<損害保険会社の生命保険子会社>　（億円）

子会社	親会社	資本金
東京海上あんしん生命保険㈱	東京海上火災保険㈱	300
三井海上みらい生命保険㈱	三井海上火災保険㈱	100
住友海上ゆうゆう生命保険㈱	住友海上火災保険㈱	100
日本火災パートナー生命保険㈱	日本火災海上保険㈱	100
同和生命保険㈱	同和火災海上保険㈱	100
興亜火災まごころ生命保険㈱	興亜火災海上保険㈱	100
千代田火災エビス生命保険㈱	千代田火災海上保険㈱	100
日動生命保険㈱	日動火災海上保険㈱	100
富士生命保険㈱	富士火災海上保険㈱	100
大東京しあわせ生命保険㈱	大東京火災海上保険㈱	100
共栄火災しんらい生命保険㈱	共栄火災海上保険㈶	100

<生命保険会社の損害保険子会社>

子会社	親会社	資本金
ニッセイ損害保険㈱	日本生命保険㈶	300
第一ライフ損害保険㈱	第一生命保険㈶	300
スミセイ損害保険㈱	住友生命保険㈶	300
明治損害保険㈱	明治生命保険㈶	300
三井ライフ損害保険㈱	三井生命保険㈶	150
安田ライフ損害保険㈱	安田生命保険㈶	220

社は生命保険会社の五〇％超の株式をそれぞれ取得できることが規定されました。さらに、親会社が子会社の業務・事務の一部を代理・代行できることになりました。

これによって、表５－１の通り、損害保険会社一一社が生命保険子会社を、生命保険会社六社が損害保険子会社を設立し、一九九六年一〇月から営業をスタートしています。

生損保相互参入が損害保険会社および消費者に与える効

果としては、次の二つが考えられます。第一は競争主体の増加による市場の活性化です。損害保険、生命保険おのおのの市場に既存保険会社とは異なった文化を持った参入者が、新たな商品を投入するなど競争が激しくなり、消費者の選択肢の増大が期待されます。また、親会社による業務の代理・事務の代行が認められていますから、消費者は損害保険会社一社を通じ、損害保険、生命保険両方の商品を購入することができます。消費者の利便性の向上も大きなメリットになります。

第二は、損害保険会社にとって、経営資源の有効活用に資するということです。従来は、損害保険事業にしか使えていなかった経営資源が、生損保両事業で使えるわけですから、経営の効率化にも大きく資することになります。

なお、一九九二年の保険審議会答申では、銀行、信託、証券と保険との子会社方式による相互参入の考え方が盛り込まれていましたが、一九九六年の改正では見送られました。

・商品・料率についての一部届出制導入

旧業法下では、保険商品・料率について、契約者保護を図るという理由で、基本的には主務官庁の認可が必要とされ、事前認可制となっていました。損害保険会社による商品開発の多様化を図るため、手続きの弾力化・迅速化を目指して、一部の商品に行政当局による変更命令権付の届出制が導入されました。ただし、届出制の対象となるのは保険契約者の保護に欠けるおそれの少ないものに限られることとされ、企業分野の一部の保険商品のみに届出制が導入されました。

・保険ブローカー制度の導入

業法改正によって、保険ブローカー制度が導入されました（ブローカー制度については七八ページ参照）。

・純率算定会制度

業法改正では、算定会制度についても見直しの対象になりました。一九九二年保険審議会答申では、「今後の料率算定の枠組みとしては、対象とする保険種目全てについて営業保険料率を算定するという現行制度を見直し、状況の変化に対応して、問題の生じるおそれが少なくなったものについて、純保険料率部分のみに遵守義務を課し、付加保険料率部分はアドバイザリーレートとして提示することもできる制度を導入することが適当である」という方向性を出しました。付加保険料率部分は、損害保険会社の経費等に充てる部分であるので、使用義務を外しアドバイザリーレートに移行することによって、競争原理を導入しつつも、純保険料率部分については使用義務、すなわち価格カルテルの存在意義を認めたわけです。これが純率算定会制度です。純率算定会制度の対象種目も、契約者保護のために支障が生じることのないと認められる一定の種目に限るものとされ、実際に純率算定会制度が導入されたのは、当初は火災保険のうちの大口物件だけであり、そこから、段階的に拡大されることになっていました。

(2)　健全性の維持

・ソルベンシー・マージン基準の導入

銀行・証券等では経営の健全性を計る指標として自己資本比率がすでに導入されていますが、保険会社については、諸外国の例を参考に、一三四ページに記載したソルベンシー・マージン基準が導入されました。ただし、ソルベンシー・マージン基準は、あくまでも行政上の指標として保険会社の経営の健全性を把握するために導入されたものとして位置づけられ、各保険会社ごとの数字は公表されませんでした。各保険会社が自発的に公表を始めたのは、一九九八年三月期決算からでした。

・経営危機対応制度

戦後わが国では、損害保険会社の破綻は、わずかに一九六八年にフィリピンのキャピタル社という損害保険会社の日本支店の破綻があるのみで、経営破綻が社会問題になるようなケースは幸い経験していませんでした。しかし、自由化・規制緩和は、損害保険会社間の競争を激化させ、バブル経済の崩壊、長引く景気の低迷とも相まって、今後もその状況が続くという保証はありません。銀行には預金保険機構がある一方、保険にはそれまで預金保険機構に相当する安全ネットが存在しませんでしたが、新業法施行に伴い保険契約者保護基金が創設されました（詳細は一六六ページ参照）。

(3) 公正な事業運営の確保

銀行法にならって、保険業法にもディスクロージャーに関する規定が置かれました。保険会社は、事業年度ごとに業務および財産の状況を説明する書類を本支店に備え置き、公衆の縦覧に供することになっています。各損害保険会社は「○○社の現状」というような冊子を作成し、本支店に備え置いています。

3　損害保険料率の自由化

(1)　算定会の使用義務の廃止

一九四八年に料団法が施行され、損害保険料率算定会が設立されて以降、戦後のわが国の損害保険市場の根幹をなしてきた算定会制度（一一二ページ参照）ですが、業法改正に伴う料団法改正によって、一部の保険種目に純率算定会制度が導入されました。さらに、一九九六年一二月の日米保険協議の合意によって、算定会料率の使用義務が全面的に廃止され、損害保険料率は自由化されることになったわけです。その後、金融システム改革の具体案策定に向けて活動を開始した保険審議会は、損害保険料率の自由化に関しては、日米保険協議の合意内容をいわば与件とした方向しか出し得ず、一九九七年六月一三日の保険審議会報告においては「算定会料率の遵守義務を廃止し、算定会が遵守義務のない標準約款および参考料率を作成・算出する制度とすることが適当である」「参考料率の算出・提供は、純率についてのみ行うことが適当である」と、結論づけています。これを受けて、料団法の再改正が行われ、算定会料率の使用義務は全面的に廃止され、独占禁止法の適用除外の対象からも外されることになり、政府公認の価格カルテルともいえた算定会制度は大きく転換しました。

新たな料団法は金融システム改革法の一つとして一九九八年六月に成立・公布され、日米合意に定められたスケジュール通り、同年七月一日から施行されています。これにより算定会は、会員会社に純率部分のアドバイザリーレートを算出・提示するデータベース機関に衣替えしています。さらに、損害保険料率算定会、自動車保険料率算定会の二つの算定会は、二〇〇二年七月に統合し、損害保険料率算出機構として業務を行っています。

(2) 自由化の持つ意味

個々の被保険者の持つリスクは、被保険者の属性によって異なります。火災保険を例にとると、建物の構造（木造、鉄筋等）、地域、用途（住宅、工場等）などによって、自動車保険では、地域、運転者年齢、車種等によって異なります。こうした属性をリスクファクターと呼びます。

図5－1は、横軸にリスクファクター、縦軸にリスクと保険料率を取ったグラフです。例えば、自動車保険の場合、概して若年層はリスクが高く、中高年層は低いという構造ですから、左側が若年層、右側が中高年層ということになります。この場合、実際のリスクはａｅの線で

示されるとします。これらの集団に対して同一料率で損害保険商品が販売されているとすれば、保険料率はｂｄの直線で示されます。すなわち、低リスク層の契約者は本来のリスクより高い保険料を負担し、高リスク層の契約者は本来のリスクより低い保険料ですんでいることになります。換言すれば、低リスク層から高リスク層への所得移転、もしくは内部補助（相互扶助）がなされているわけです。

図５－１　損害保険料の構造

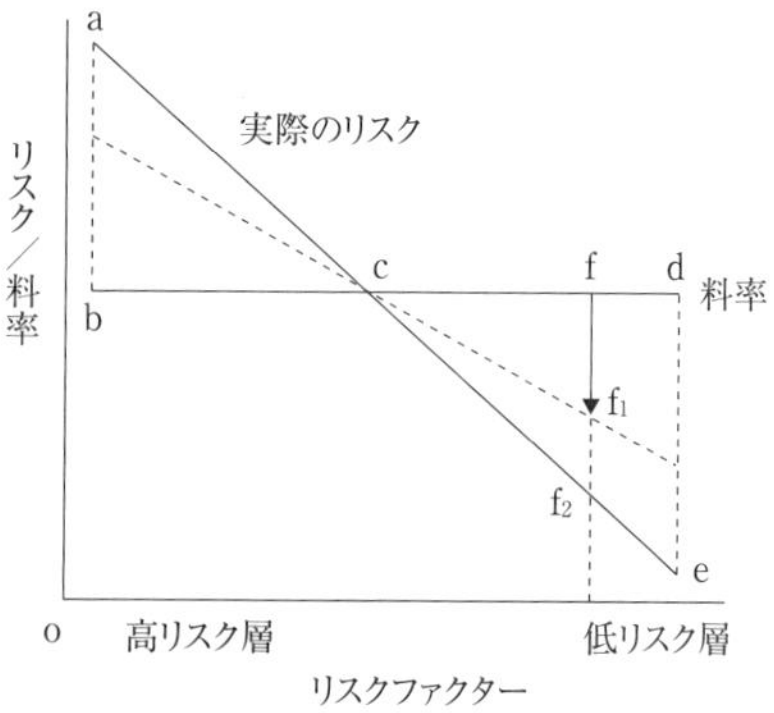

こうした構造は、算定会料率に使用義務を課すなどの厳しい規制によってはじめて実現します。自由化されたマーケットで、仮に、ある損害保険会社が低リスク層に対して料率引き下げを行ったとすると（f→f_1）、引き下げた保険料がf_2よりも高ければ利潤が生じることになりますが、他の損害保険会社は競争上これに追随しないわけにはいきません。これは低リスク層マーケットの料率水準が、ｃｅの水準まで下がることを意味します。損害保険会社は三角形ａｅｏの面積で示されるリスク総額を、四角形ｂｄｅｏの面積で示される保険料でまかなっ

ているのですから、低リスク層マーケットの料率水準がｃｅの水準まで下がった場合、高リスク層の保険料水準をａｃの水準まで上げなくては採算が取れません。結局、自由化されたマーケットでは、保険料水準は実際のリスクに応じた水準ａｅに収斂(しゅうれん)する可能性が高いのです。

ちなみにこうした論議は損害保険料率だけの話ではありません。あらゆる自由化・規制緩和の論議に、この内部補助の問題が関連するといっても過言ではありません。自由化・規制緩和とは、利用者にその利用者にかかるコストを負担させること、と言い換えることもできるでしょう。例えば、新聞等の再販制度の問題、あるいは郵便事業の民営化の問題、いずれも自由化に反対する論拠は、遠隔地等にサービスそのものが行き届かない、あるいは価格が高騰することを問題にするケースが多いのですが、前者が入手可能性（availability）の問題であり、後者が購入可能性（affordability）の問題です。

損害保険料率の自由化の論議の過程でも、自由化によって高リスク者層の入手可能性、購入可能性が損なわれる可能性がある、ということが問題になりました。現にアメリカでは一七〇〇万台の無保険自動車が走りまわっており、社会問題化していることが報告されています。

改めて損害保険料率の自由化のメリット・デメリットを整理しましょう。

　メリットは、算定会制度の下では画一化された商品しかマーケットに供給されませんでしたが、自由化によって、各損害保険会社の商品開発に関する創意工夫が発揮され、消費者の選択肢が増大するということです。さらに、競争による各損害保険会社のコスト抑制努力により消費者の負担が低下する可能性も出てくるかもしれません。ただし、付加率部分はともかく、純率部分は損害保険商品の原価であり、製造業はより安価な原材料を購入する等の努力で原価部分を抑制することが可能ですが、損害保険会社が原価を削減するということは、保険金を抑制することであり、消費者にとってデメリットにもなり得る点にも留意する必要があります。

　デメリットは、前述の通り、高リスク者層を中心に入手可能性、購入可能性が損なわれる可能性がある、ということです。また、保険は、大数の法則の下で原価計算を行い保険料を算出していますが、一〇九ページで説明した通り原価の事後確定性があることから、ダンピング競争が発生する可能性が高いのです。その結果、損害保険会社の経営が不安定になり、保険の安定供給が損なわれる可能性があります。

(3) ヨーロッパ諸国の規制

保険規制のあり方に、グローバル・スタンダードはあるのでしょうか。ここで、欧米の状況

表５－２　EC 指令

	EC 理事会採択日	国内法改正期限
第１次損害保険指令	1973. 7. 24	1975. 1. 31
第２次損害保険指令	1988. 6. 22	1989. 12. 31
第３次損害保険指令	1992. 6. 18	1993. 12. 31

を見てみましょう。

ヨーロッパでは市場統合・単一市場の完成に向けて、種々の政策措置がとられてきましたが、損害保険についても、各国ごとに異なっていた保険監督法規の統一化を図るための試みがなされています。そこで大きな役割を果たしてきたのがＥＣ理事会から発せられた「ＥＣ指令」です。ＥＣ指令は一種のモデル法ですが、加盟国に対して一定期間内に国内関連法規の改正を求めるものです。損害保険関連でもいくつかの「ＥＣ指令」が出されていますが、重要なものは表５－２の通りです。

ＥＣ損害保険指令は、免許制度、保険商品・料率への規制、サービス提供、財務的要件の統一等々、極めて広範囲にわたっています。保険商品・料率への規制については、まず、第一次損害保険指令では、すべての保険種目に免許制度の導入を求め、さらに免許取得条件の最低基準を設けましたが、免許取得申請時の提出書類として、料率表・約款の提出を義務づけました。第二次損害保険指令では、損害保険をラージリスク（企業物件）とマスリスク（大衆物件）に分け、ラージリスクについては、料率・約款の事前認可や画一的届出を禁止し、自由化しました。さらに、第三次損害保険指令では、すべての保険種目について、料率・約款の事前認可や画一的届出を原則禁止し、自由化しています。こうして、第一次指令、第二次指令と段階的に進められてきた自由化はこの第三次指令によってさらに進められ、自由化された単一市場の法的な枠組みは完成したとされています。

一方で、ＥＣ指令は、ソルベンシー・マージン、保証準備金（guarantee fund）について最低基準を設定するとともに、保険契約準備金（technical reserve）についても算出方法の統一ルールを設定し、各国保険監督当局が保険会社に対して相当額の積立を要求すべき、としています。すなわち、現在のＥＵ諸国においては、商品・料率は原則自由、事後規制は厳格に行う、というのが、基本的なコンセプトとなっています。

(4)　アメリカの規制

アメリカにおける保険監督の最大の特徴は、一九四五年の連邦法マッカラン・ファーガソン法（McCarran-Ferguson Act）により、監督権限が連邦政府から各州政府に委ねられており、各州の保険庁は各州ごとの独自の州保険法に基づいた規制・監督を行っている点にあります。各州ごとの規制・監督を均質化することを目的として、ＮＡＩＣ（National Association of Insurance Commissioners、全米保険庁長官会議）が組織され、モデル法の制定や各種の統一勧告、各州の意見交換などの努力がなされています。

商品・料率に関する規制についても、州によってあるいは同じ州の中でも保険種目によって多岐にわたり、一意的に論じることはできませんが、全体で見ると、特に家計分野

COFFEE BREAK

保険規制の類型

アメリカにおいては、保険監督は各州ごとに別々に行われており、保険種目によっても異なるため、アメリカは保険規制の類型のデパートともいえる状況になっています。

アメリカの損害保険の商品料率に関する規制の類型は以下の通り整理できます。

(a) 州定料率制（state-made rate）
(b) 強制算定会料率制（mandatory bureau rate）
(c) 厳格な事前認可制（strict prior approval）
(d) フレックス・レイティング制（flex rating）
(e) みなし認可を伴った事前認可制（prior approval with an express deemer）
(f) 届出後使用制（file and use）
(g) 使用後届出制（use and file）
(h) 料率のみ届出制（rate filing only）
(i) 届出不要制（no-filing）

EU 諸国では基本的に(i)届出不要制となっています。アメリカでは家計分野の損害保険においてはおおむね(d)～(f)あたりのようです。自由化前のわが国の算定会制度は(b)に近いものでしたが、自由化によってアメリカ並みになったといえるでしょう。

このように保険規制についてグローバルスタンダードを見出すのは困難ですが、少なくとも EU 諸国と比較すれば、わが国は完全な自由化には至っていません。

の損害保険においては、大部分の州が事前認可制を採用しており、事前規制は原則自由のＥＵに比べると、規制色の濃いものとなっています。日本の損害保険の自由化が、日米保険協議におけるアメリカ側の自由化要求によってもたらされたことは前述の通りですが、ＥＵ諸国の商品・料率の規制・監督と比較するとアメリカのそれが「規制型」であることは興味深いものがあります。

アメリカにおける損害保険産業への規制と競争の歴史は、規制緩和→競争の激化→市場の混乱→経営の悪化→監督・規制強化→収益の安定→参入者増加→規制緩和、というサイクルの繰り返しでした。アメリカは、国外に対しては官民一体となって戦いを挑むものの、国内では「競争こそ最大の発展につながる」と信じている国民性であり、「反トラスト」の機運が強いといえます。アメリカではじめて損害保険会社が設立されたのは十八世紀半ばですが、以降そのサイクルは数回にわたり、激しいものがあったようです。

特筆すべきは、一九八〇年代後半からの「保険危機」です。第二次世界大戦前後から「規制型」であったアメリカの損害保険でしたが、一九六〇年代後半になって、料率団体に属さない独立直販会社の急成長等を契機に自由化・規制緩和を望む声が高まり、一九六八年、ＮＡＩＣは事前認可制原則廃止を勧告し、その結果競争料率へ移行する州が相次ぎ、損害保険市場は競争時代に入っていきました。その後問題になったのが「保険危機」です。すなわち、一九八〇年代後半以降、損害保険会社が賠償責任保険の引受拒否や大幅な保険料引き上げを行い、消費者の入手可能性や購入可能性に著しい困難を生じ、社会的混乱が発生したことを指します。これが規制の再強化の動きにつながり、事前認可制復活の動きが生じ、現在の状況に至っているわけです。

保険危機の原因の一つにもなったのが、料率抑制の動きでした。すなわち、損害保険料の水準を政治的もしくは人為的に抑制しようという動きです。この発端ともいえるのが、一九八八年に、当時、全米で最も自由な料率競争制度（届出不要制）をとっていたカリフォルニア州の住民から提起され住民投票で可決された「提案一〇三号」（Proposition 103）です。これは、一部の保険種目を除く保険料率の一律二〇%引き下げや、事前認可制への復帰等を定めたものでしたが、こうした動きは、損害保険会社がリスクに見合った保険料を受け取ることを困難にし、経営を悪化させ、その結果損害保険会社の引受基準が一層厳しくなり、消費者の入手可能性や購入可能性の問題が一層深刻化するようになりました。

(5) 日本における自由化

一九九七年六月一三日の保険審議会報告は、前記の結論のほかに以下の通り述べており、現在、日本の損害保険の自由化はこの方針に基づいて進められています。

「算定会改革を機に、機動的な料率設定等の観点から、商品・料率の認可制を廃止し届出制へ移行すべきとの意見があるが、改革により消費者保護や保険会社の健全性に対し問題が生じないかを見極めずに事前認可制を廃止することは問題であると考える。一般消費者を顧客とする家計保険に関しては、行政当局が商品や料率の適正性について、事前認可制を含む必要最低限の監督を継続することが適当である」

「行政当局は、改革の結果、消費者ニーズに応える多様な商品が円滑にマーケットに供給されることが重要であること、および、今後、金融システム改革の理念に沿った行政運営が一層望まれること、に十分留意して、現実の職員数の制約も十分に勘案しつつ、効率的かつ公正・透明な認可等事務の運営に一層努めることが適当である」

「保険の専門的知識や交渉力を有する企業を顧客とする保険に関しては、認可制の廃止を含む規制緩和を迅速に進めることが望ましく、行政当局は、このような考え方に沿った検討を、具体的に進めることが適当である」

すなわち、行政当局としては、保険監督・規制の効率性・透明性等には十分努力し、また、企業分野の損害保険については、認可制を廃止し自由化・規制緩和を進めるものの、損害保険事業の大部分を占め国民生活に対する影響の大きい家計分野の損害保険については、「事前認可制を含む必要最低限の監督を継続」するとしているわけです。（傍点筆者）

今回の損害保険自由化の特徴は、自由化といっても欧州並みに事前監督主義から事後監督主義に全面的に移行・転換したわけではなく、家計分野を中心に商品・料率の事前認可制は維持されたままであるという点にあります。すなわち、保険会社が何ら規制・監督なしに自由な商品設計が可能になったわけではありません。従来の算定会制度は、算定会が会員全社の商品・料率の申請・認可手続きを一手に代行していたともいえ、行政当局の効率的運用にも資していたといえます。損害保険会社・生命保険会社の監督行政は、金融庁監督局保険課で行われていますが、保険課の陣容は数十名にすぎず、自由化の実施後、各損害保険会社が新しい独自商品・料率を申請してきたときに、適時・適切に審査・認可手続きができるのかという点で疑問が生じます。ちなみにアメリカの保険庁の要員を見ると、もちろん州によってまちまちですが、大きな損害保険マーケットであるカリフォルニア州で約一〇〇〇人、ニューヨーク州で約九〇〇人といったレベルであり、全米で一万人弱の人員を抱えています。

先に、自由化のメリットは消費者の選択肢の増大である、と述べました。ややもすると、このメリットが要員不足からくる認可行政の手続きの遅滞によって阻害されるおそれがある、とも考えられます。

以上のようなことを総合すると、現時点の日本の損害保険の自由化については、いわば本格的な自由化に至るまでの途上にすぎないとも考えられます。従来の算定会制度には消費者にとって多大なメリットがあったと考えられますが、自由化の道を選択した以上、自由化のメリットを最大限にするためには、さらなる改革、すなわち欧州のレベル並みに事前監督主義から事後監督主義への完全な移行が望まれます。

4　保険契約者の保護

金融ビッグバンとそれに伴う自由化・規制緩和は、銀行・証券はもちろん、他業態からの保険事業への参入を容易にし、価格や商品開発を通じた競争を激化させる方向に働きます。金融ビッグバンの基本思想は、市場機能を最大限重視し、市場から選ばれず、経営に失敗した金融機関には市場からの退出を求めようというものですから、金融機関が破綻していく蓋然性はますます高まっていく方向ともいえます。自由化・規制緩和は、金融機関だけでなく消費者にも自己責任を求めるものであり、そのためのインフラ作りとしてディスクロージャーの整備などが進められてはいますが、あらゆる消費者に完全な自己責任を求めるのは現実的ではなく、また、例えば小口の預金や保険にまで消費者が金融機関の調査をしなくてはならないというのは、経済合理性の面でも問題があります。そこで、銀行等の預金には預金保険機構が存在し、銀行等が破綻した場合の預金者保護の役目を負ってきました。

従来、保険にはそれに相当するものが存在しませんでしたが、一九九六年の新保険業法施行に伴い、保険契約者保護基金（以下「保護基金」といいます）が創設されました。しかし、その制度は種々の欠陥を持っていたことから、金融システム改革法に基づく保険業法の改正に伴い、一九九八年一二月、保護基金に代わって保険契約者保護機構（以下「保護機構」といいます）がスタートしています。

(1) 保険契約者保護基金

一九九六年の保険業法では、保険会社が破綻した場合、破綻保険会社と保険契約者との間の保険契約を、健全な保険会社（救済保険会社）に引き継ぐことで、破綻保険会社の保険契約者

図５－２　保険契約者保護基金

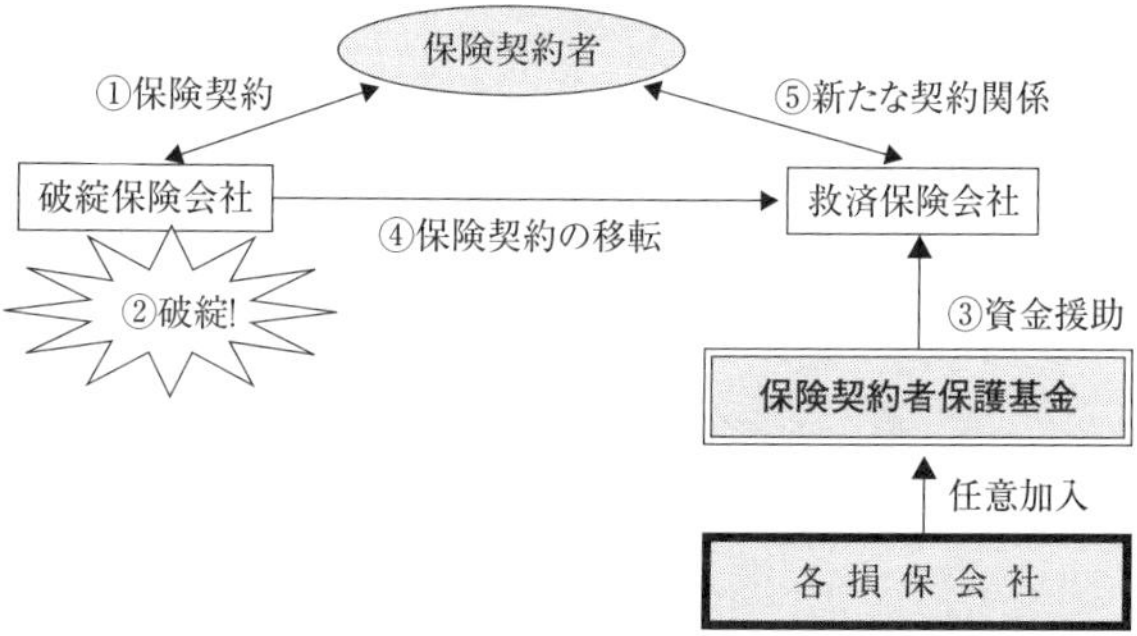

の保護を図ることとしていました（図５－２参照）。破綻保険会社は、債務超過状態になっており保険契約を全うするだけの資産を有していないケースが多いので、保護基金がその不足額を救済会社に資金援助する機能を持つことによって、救済会社の出現を促すとともに、保険契約の継続を円滑に行おうとしたわけです。保護基金は、生損保共通の制度でしたが、生損保別々に設立されました。保護基金加入者はわが国において保険事業免許を有する保険会社（支店形式等のものも含む）でしたが、加入するかどうかは任意とされていました。

一破綻当たりの資金援助限度額は最大三〇〇〇億円（生命保険では二〇〇〇億円）とされており、万一保険会社の破綻が生じた場合には、救済保険会社は、破綻会社の契約を包括移転や合併等の形で引き継ぐことになりますが、その際救済会社には保護基金より最大三〇〇〇億円の資金援助がなされます。この資金は保護基金が銀行等の金融機関から借り入れることによってまかなわれますが、保護基金に加入している保険会社は、その資産規模や保険料規模に応じて、一〇年分割で資金を拠出し、保護基金はその資金によって借入金を返済することになっていました。

幸い、損害保険では保護基金の設立以降破綻はなく、保護基金が発動する場面はありませんでしたが、生命保険では一九九七年四月の日産生命の破綻により保護基金が発動し、二〇〇〇億円の資金援助をしました。

この保険契約者保護基金制度には、制度発足当初から次の二つの問題点が指摘されていました。第一は、救済会社が現れないケースが想定されることです。日産生命の破綻のケースではなかなか救済会社が現れず、生命保険協会が出資する形であおば生命という会社を設立し救済会社とし、ようやく保険契約者保護基金制度との法的整合性を整えることができました。

第二は、実際に破綻が起きなければ、保険契約者は自分の保険契約がいくらまで保証されるかわからないという点です。破綻会社の欠損が資金援助限度額の三〇〇〇億円を超えた場合は欠損が大きいほど保険金額や満期返戻金の削減率が大きくなるわけです。

図５－３　支払保証の仕組み

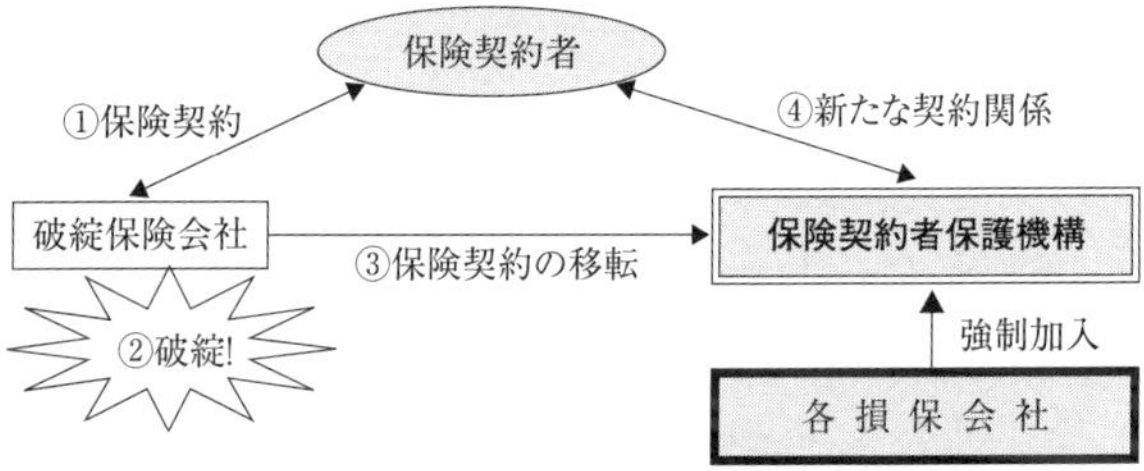

(2) 保険契約者保護機構

こうしたことから、本格的な安全ネットとしての支払保証制度の創設が急がれ、一九九八年一二月に保護基金を吸収する形で生損保おのおのに保険契約者保護機構が設立されました。

保護機構には、任意加入であった保護基金と異なり、わが国で事業免許を有する全保険会社が強制加入することになっています。保護機構の役割は、救済保険会社が現れた場合と、現れない場合で異なります。救済保険会社が現れた場合には、破綻保険会社の保険契約を救済保険会社に包括移転して継続し、機構が救済保険会社に資金援助します。すなわち、旧来の保護基金と同じ仕組みです。

一方、救済保険会社が現れない場合には、保護機構自体が保険契約を引き継いで継続する仕組みになっており、保護基金の第一の問題点が解決されています（図５－３参照）。預金保険機構も、救済金融機関に対する資金援助機能と支払保証機能を有しています。支払保証機能とは、金融機関が破綻した場合、預金者に元本等を直接支払う、すなわちペイオフする機能のことです。預金保険機構の場合は、一預金者当たりのペイオフの限度額が一〇〇〇万円となっていますが、ビッグバン終了後の二〇〇一年までこの機能は発動しないことになっていました。保護機構において、救済保険会社が現れない場合に、保護機構が保険契約を引き継いで継続する仕組みは、預金保険機構の支払保証機能に対応するものです。

ただし、預金の場合は金融機関への請求権であり、元本等を預金者に返戻すれば済むのですが、保険の場合は単に破綻時点の解約返戻金相当額を契約者に支払えば済むかというとそうはいきません。その理由の第一は、契約者から見て解約返戻金相当額が返戻されても、その時点で同条件の保険契約を新たに別の保険会社と締結できるとは限らないことです。第二は、保険は単に保険契約者と保険会社の債権債務関係ではなく、保険契約者とは別に被保険者がいるケース、自動車保険などのように善意の被害者がいるケースなどが存在します。そこで、単なるペイオフではなく、保護機構が保険契約を引き継いで継続する仕組みとしたわけです。

表5－3は保険契約者保護機構の補償対象契約と補償内容を記載したものです。損害保険の場合、補償の対象となる権利には、事故が生じた場合の保険金請求権のほか、解約返戻金、積立保険の満期返戻金等、種々あるため、多少複雑になっています。まず、二〇〇一年三月末ま

表5－3　損害保険契約者保護機構の補償内容

対象契約	2001年4月以降の補償内容
自賠責・地震	100％補償
自動車保険 火災保険(注) 傷害保険 医療費用保険 介護費用保険 上記に属する積立保険	保　険　金 満期返戻金 解約返戻金 90％補償
年金払積立傷害保険 財形傷害保険	90％補償
上記以外の保険	保護機構による保護なし

注）火災保険については、保険契約者が個人または中小企業基本法に定める「小規模企業者」である場合に限り補償対象になる。

でと同年四月以降とでは補償内容が異なります。これは、預金保険機構が二〇〇一年四月にペイオフを開始したことに対応するものです。預金等においても、二〇〇一年四月以降は一〇〇〇万円までは補償されるものの、それを超える金額については預金者の自己責任が問われることになるわけですが、保険についても同様の考え方に基づいています。補償対象契約ですが、自賠責、地震、自動車、火災（契約者が個人、中小企業の契約）、積立火災、傷害、積立傷害（年金払積立傷害保険、財形傷害保険を含む）、医療費用、介護費用といった、一般的に個人が加入するような保険種目を対象にしています。それ以外の種目、すなわち自己責任を問い得る法人が契約者になるような保険種目については、補償対象から除外されています。

保険金についての補償限度は自賠責保険、地震保険は一〇〇%、それ以外の補償対象種目は九〇%になります。解約返戻金や積立保険の満期返戻金については、同様に上記の一般的に個人が加入するような保険種目については、九〇%まで補償されますが、それ以外の種目については補償されません。法人が契約者になるような保険種目については、補償対象から除外されています。

(3) 早期是正措置の導入

以上が安全ネットの仕組みです。安全ネットは保険会社が破綻した場合の手当ですが、保険契約者の保護のためには、破綻まで行かなくても、保険会社の経営状況が悪化した場合に、何らかの措置を講じることが重要になります。そこで一九九九年四月から導入されたのが早期是正措置です。早期是正措置とは、ソルベンシー・マージン基準に基づき、それが一定比率を下回った場合には、当該保険会社に対し、措置を講ずべき事項および期限を示して、経営の健全性を確保するための改善計画の提出やその変更を求め、期限を付して当該保険会社の業務の全部または一部の停止命令を含む、幅広い措置を命ずることができる、というものです。

自由化・規制緩和の流れは、事前規制から事後規制への転換を意味しています。監督官庁の役割は、商品・料率の認可といったものから、こうした契約者保護のための保険会社の健全性のチェックに重点が移行していくものと思われます。

5　相互参入と持株会社

(1)　銀行・信託・証券との相互参入

まずはじめに、金融ビッグバンに至るまでの、金融業態間の相互参入の流れを見てみましょう。一九九一年の金融制度調査会の答申において「利用者利便の向上、国際的整合性、競争条件の公平性の維持等の観点から、金融制度の見直しにあたっては保険業を含めた幅広い相互参入が行われるべき」とされ、銀行・証券・信託の業態別子会社方式による相互参入が実現しました。

保険については、一九九二年六月の保険審議会報告では「金融制度改革を行っていくに当たっては、保険会社が銀行・信託・証券業務に参入できるようにするとともに、銀行等・信託銀行・証券会社についても保険事業に参入できるようにすることが適当」としたものの、一九九四年の保険審議会報告で「改革の実施に当たっては、これらを着実に実施するという観点から、新しい保険制度への移行によって混乱が生じ契約者等への保護に重大な影響を与えることのないよう漸進的かつ段階的に進める必要がある。したがって、まず、子会社方式による生・損保の相互乗り入れを含む保険制度の自由化を進めるとともに、健全性維持のためのソルベンシー・マージン基準や新しい経営危機対応制度の導入などの法制化を急ぐことが肝要であり、その定着を見極めた後の子会社方式による他業態への進出を含めた制度改革が完了するよう段階的に行うことが適当」と、急速にトーンダウンし、一九九六年の新保険業法では、生損保の相互乗り入れにとどまったわけです。この背景には、バブル経済の崩壊による、銀行等の不良債権問題があったといわれています。

一九九六年一一月の橋本龍太郎首相（当時）の金融ビッグバン指示の中では、具体的な検討項目の例として「新しい活力の導入（銀行・証券・保険分野の参入促進）」と謳われていました。それを受けた各審議会の検討、金融システム改革法によって、以下の通り相互参入が進められることになりました。すなわち、漸進的・段階的に進められていく予定であった金融制度改革でしたが、金融ビッグバンによって、二〇〇一年までに一気に実施されることになったわけです。

①保険と証券　一九九八年十二月一日

②保険と銀行（信託を含む）

・保険から破綻銀行、銀行から破綻保険会社　一九九八年一二月一日

・保険から銀行　二〇〇〇年三月末までの政令で定める日（業態別子会社方式）

二〇〇一年三月末までの政令で定める日（持株会社方式）

・銀行から保険　二〇〇一年三月末までの政令で定める日

(2)　持株会社

一方、一九九七年六月に独占禁止法第九条が改正され、戦後ながらく禁止されていた持株会社が解禁され、一般事業会社は持株会社の設立が可能になりました。銀行・証券・保険会社を傘下に持つ持株会社、すなわち金融持株会社については、一九九七年六月の独占禁止法改正ではその解禁が見送られ、金融関連の各審議会での検討に委ねられていました。一九九六年一一月のビッグバン指示もあり、一九九七年六月の各審議会の答申・報告では、金融持株会社を認める意見が示され、銀行法、証券取引法（現在の金融商品取引法）、保険業法の改正が行われ、一九九八年三月に施行されました。こうして、保険会社にも持株会社の設立が認められ、

各業態間の相互参入は、従来の業態別子会社方式によるほか、持株会社を通じた方式でも行うことができることになったわけですが、各業態間の相互参入については前記のスケジュールによることとされています。

持株会社の活用法には大きく次の二つがあります。第一は、これは保険会社に限りませんが、高度化、専門化していく業務に対応していくために分社化を行うことです。分社化によって、多様な人事管理や労働条件・雇用形態の確保が可能になり、企業組織の柔軟性が増すことになります。

第二は、銀行・証券・保険の相互参入を含む業務範囲の拡大です。保険会社を子会社（その保険会社の過半数の株式を持株会社が保有）とする持株会社を保険持株会社といいます。同様に、銀行を子会社とする持株会社を銀行持株会社といいます。いずれも、持株会社が保有する全子会社株式の合計が持株会社の全資産の五〇％超であることが必要です。銀行、保険会社の双方を子会社とする持株会社は銀行持株会社および保険持株会社として扱われます。銀行持株会社は、証券会社、投資顧問会社等の金融関連分野の事業等を行う会社を子会社とすることはできますが、それ以外の一般事業を行う会社を子会社にすることはできません。保険持株会社は、金融関連事業を行う会社を子会社とすることはもちろん、金融関連事業以外の一般事業を行う会社を、主務官庁の承認を得て子会社にすることができます。すなわち、既存保険会社は、持株会社を使って事業範囲の拡大を行うにしても、銀行に進出するのか、銀行に進出せずに一般事業に進出するのかの二者択一の選択をしなくてはならないことになります。

持株会社解禁直後は、持株会社設立には「抜け殻方式」という方式しか認められていませんでした。「抜け殻方式」とは、持株会社になろうとする会社がまず子会社を設立し、その子会社に事業譲渡を行うことによって、自らは抜け殻、すなわち持株会社になる方法ですが、保険会社がこの方法を行うにはいくつかの問題がありました。

保険会社が子会社に事業を譲渡しようとするときは、保険契約にかかる責任準備金・支払備金とそれに見合った資産を移す包括移転という方法が保険業法に定められています。保険業法上、包括移転の際は公告を行うことになっていますが、公告期間中（一カ月以上）は移転をしようとする保険契約と同種の保険契約を締結することが禁止されており、また、債権債務関係の変更手続きが煩雑になるなど、実務上の問題が指摘されていました。そこで、より簡便な方式である株式移転方式、株式交換方式が認められました。現在では保険業界でも多くの持株会社が設立されています。

(3) 保険会社本体の業務範囲の拡大

金融システム改革法の中で、保険会社本体の業務範囲の拡大が可能になりましたが、そのうちの最大のものが、投資信託商品の販売業務です。銀行にも一九九八年十二月より投資信託の販売が認められましたが、保険会社および代理店による販売も同時期に可能になりました。大手社を中心に一部の損害保険会社が自社グループ内の投資信託受託会社もしくは証券会社系の投資信託受託会社の投資信託商品の販売を始めています。

それ以外にも、金融派生商品（デリバティブ）等の取扱い、資産担保証券（ＡＢＳ）の取扱いも可能になっています。

Ⅵ　自由化は何をもたらすのか

1　自由化後の課題

(1)　損害保険料率自由化のデメリット

Ｖ章において、損害保険料率自由化のデメリットとして、高リスク者層を中心に入手可能性、購入可能性が損なわれる可能性がある、という点を指摘しました。こうした問題は特に自動車保険において無保険車問題としてクローズアップされますが、欧米諸国でも無保険車対策については種々の措置が講じられています。

対策の第一は強制保険です。自動車事故の加害者の賠償資力を確保し被害者保護を図るために、多くの国で強制保険制度を実施しています。強制保険の仕組みとしては、民間の自動車保険に法律で定める保険金額以上の額での付保を強制しているのが一般的です。

強制保険については、その実効性を確保するために、自動車の登録制度とリンクさせるなど各国において様々な工夫がなされています。しかし、損害保険市場が自由化されている以上、高リスクの保険契約者の保険料は高額になり購入可能性の問題が生じるなど、必ずしも無保険自動車をなくすところまでには至っていないのが現状です。そこで、第二の対策として、以下のような措置がとられています。アメリカにおいては、いわゆる残余市場（residual market）が拡大しています。残余市場とは、こうした高リスクの契約者層に対して、各州の保険庁が保険会社の協力を得て保険カバーを提供する仕組みです。イギリスでは自動車保険の営業を行っている保険会社の拠出によって、ＭＩＢ（Motor Insurers' Bureau）が設立され、無保険者に代わる被害者への補償を行っています。フランスにおいても、保険契約者の負担金や保険会社の拠出金等によってまかなわれる、自動車保証基金制度が設立され、被害者への補償を行っています。

(2) 自動車保険制度の課題

わが国の損害保険市場は、自由化がスタートして一〇年余りに過ぎず、欧米諸国のように無保険車問題が深刻な問題として現時点で顕在化してはいませんが、今後のことについてはまだ予想がつきません。

わが国の自動車保険制度の特徴は、自賠責保険制度と任意自動車保険制度との二重構造になっていることです。すなわち、対人一名当たり三〇〇〇万円を自賠責保険という強制保険でカバーし、それでは不十分な場合に任意自動車保険により補償を受ける仕組みになっています。こうした二重構造が、保険契約者にとっての契約手続や保険金請求手続に二重の負担を強いているという問題点は従来から指摘されてきており、すでに一定の改善が図られているのも事実です。さらに自賠責保険は、損害保険会社の保険料収入のうち六〇%を政府に再保険に出すという政府再保険制度を有していました。政府再保険制度が導入されたのは、自賠責保険発足当初は民間損害保険会社の資力も乏しく、また全く未経験の分野だったため適正な保険料算出に不安があったこと、損害保険会社に引受義務を課したため損害保険会社には危険選択の余地がなく不測の損害をもたらすおそれがあったこと、政府として再保険を通じて社会保障的色彩の強い自賠責制度の運営に介入しようという意図があったこと、などの理由によるとされています。しかし、二〇〇二年四月に今や今日的意義を失ったということで政府再保険制度は廃止されました。

自賠責保険を民営化すべきだという意見も聞かれますが、民営化という言葉がいろいろな意味で使われており注意する必要があります。政府再保険制度の廃止も民営化の一つの形態ですし、自賠責保険制度と任意自動車保険制度との二重構造を改めて欧米諸国のように民間自動車保険一本の制度にすることも民営化の一つの形態でしょう。効率化の観点からは、政府から見ると、保険の募集、契約から保険金の支払いまで、その事業の大部分を民間損害保険会社にアウトソーシングしています。現行の二重構造を残したままでは、民営化による効率化については、必ずしも多くは期待できないことにも留意する必要があります。ただ、商品開発やサービスの面では損害保険会社の創意工夫が発揮され、消費者メリットが期待できる可能性はあります。

いずれにしても、損害保険料の自由化という新たな前提の下で、自由化に伴うデメリットとその対策も視野に入れながら、行政改革、官民の役割分担の見直しも踏まえて、自賠責保険も含めたわが国の自動車保険制度の在り方を、再論議する必要があるでしょう。

2　新しいビジネス

(1)　金融保証

文明・社会の発展、技術の進歩は、我々を取り巻くリスクをますます巨大化、多様化、複雑化させています。その中で、損害保険事業が取り組むべきリスクも多様化し、新たなビジネスが始まっています。本節ではそうした動きのいくつかをご紹介しましょう。七三ページ以下において、信用を供与した債権者が被る損害を補償する保証保険・保証証券について説明しましたが、最近の企業の信用リスクの高まりとともに、脚光を浴びているのが金融保証の分野です。金融保証とは保証証券（ボンド）のうち、特に金融取引において債務者の債務不履行により債権者が被る損害を補償するもので、デリバティブ保証、資産担保証券（ＡＢＳ）保証などがその代表的なものです。デリバティブ保証はスワップやオプションなどのデリバティブ取引において当事者の債務不履行を保証するものです。

資産担保証券とは、最近の金融機関が自己資本比率の向上を目的として、あるいは一般事業会社が資金調達の一環として、債権を流動化・証券化し資本市場から資金調達を行う動きが増えてきていますが、こうして発行された資産担保証券に損害保険会社が保証し信用を供与することで、資産担保証券の格付けを向上させ、投資家がより購入しやすくしようというものです。

債権流動化は欧米では一九八〇年代に急拡大し、個人向けの住宅ローン債権、消費者ローン債権、クレジット債権から、売掛債権、企業等への貸付債権、リース債権等を多種多様な債権・資産を裏付けにした債券が発行され、極めて大きなマーケットになっていますが、わが国でも一層のマーケット拡大が予想されます。

一方で、バブル経済の崩壊に伴う不良債権問題などによって、わが国の金融機関（特に銀行）の格付けが低下し、損害保険会社の格付けが相対的に高くなったのも、損害保険会社の保証業務が注目されている理由の一つでしょう（表６－１参照）。

(2) 保険リスクの証券化

地震のように、事故が多数の保険契約者に同時に発生し、保険会社のリスクに耐え得る許容力を超えるようなケースでは、損害保険は成立しないことは、二六ページで説明しました。こうした巨大自然災害リスクをキャタストロフ（catastrophe）リスクともいいますが、世界の再保険マーケットでも、こうしたリスクの引受能力には限界があるケースがあり、保険契約者に十分な保険を提供できないことがあります。

そこで、この問題に対応するための新たな仕組みが、保険リスクの証券化の試みです。これは、こうした巨大自然災害リスクの引受主体を損害保険会社だけでなく機関投資家を中心にした資本市場に求めようとするものです。

具体的な手法の例としては、以下のようなものがあります。元受保険会社がタックスヘイブンなどに特別目的再保険会社を設立します。元受保険会社と特別目的再保険会社は再保険契約を締結し、元受保険会社は特別目的再保険会社に再保険料を支払います。特別目的再保険会社

表6－1　主な金融機関の格付

（S＆P社　2011年4月現在）

	損害保険	生命保険	主な銀行・証券
AAA			
AA＋			
AA	フェデラル保険		
AA－	あいおいニッセイ同和損保、アリアンツ火災海上、損害保険ジャパン、東京海上日動火災、日本興亜損保、三井住友海上火災	アクサ生命、アメリカンファミリー生命、ジブラルタ生命、ソニー生命、損保ジャパンひまわり生命、東京海上日動あんしん生命、日本生命、プルデンシャル生命、マスミューチュアル生命、マニュライフ生命、三井住友海上きらめき生命、三井住友海上プライマリー生命	
A＋	トーア再保険、日新火災海上	プルデンシャル ジブラルタ ファイナンシャル生命	農林中央金庫、住友信託銀行、みずほ銀行、三菱東京UFJ銀行、みずほコーポレート銀行、みずほ信託銀行、三井住友銀行、三菱UFJ信託銀行、中央三井信託銀行
A	アメリカンホーム保険、AIU保険、エース損保	AIGエジソン生命、第一生命、明治安田生命	りそな銀行
A－	共栄火災海上、セコム損保、日立キャピタル損保、富士火災海上	アイエヌジー生命、オリックス生命、住友生命、太陽生命、大同生命、富国生命	野村證券
BBB＋			あおぞら銀行、新生銀行、大和証券
BBB			
BBB－		三井生命	
BB＋			
BB			
BB－		朝日生命	
B＋			
B			
B－			
CCC+			
CCC			

注）保険会社は保険財務力格付け、銀行等は発行体格付け（長期）を示す。

は資本市場において、市場金利に再保険料を上乗せした高利回りの債券を発行します。地震等の自然災害が発生しなければ、債券を購入した投資家は高利回りを享受できることになりますが、自然災害が発生し元受保険会社が保険金を支払い、特別目的再保険会社が再保険金を元受保険会社に支払ったようなケースでは、投資家は元利金の一定割合を没収されることになります。

こうした仕組みは伝統的な再保険を補完するもので、損害保険会社から見ると、従来の損害保険市場では引受ができなかった巨大自然災害リスクの保険の提供を可能にすることができます。投資家から見ても、ハイリスク・ハイリターンの新たな投資対象であり、しかも対象とする自然災害リスクは経済環境の変化に伴うリスク（価格変動リスク、金利リスクなど）とは相関関係にはなく、結果として投資リスクの分散にも役立つことになります。

このように伝統的な保険手法ではなくリスクを移転する方法をＡＲＴ（代替的リスク移転＝Alternative Risk Transfer）といいます。例えば、三〇ページで述べたキャプティブなどもＡＲＴに含めることがありますが、これはリスク移転とは言い難いものがあります。

ＡＲＴについては、一九九〇年代に入って欧米の損害保険会社の一部が取扱いを始めましたが、日本では、一九九七年に東京海上が地震リスクを、一九九八年には安田火災が台風リスクを対象とする債券を発行しています。また、一九九八年に三井海上はスワップによって地震リスクのヘッジを行っています。

(3) 高齢社会への対応

少子化・高齢化が進み、二〇一〇年には六五歳以上の高齢者人口が総人口の二三％に達していると見込まれています。しかも高齢化は今後ますます進むと予想されています。わが国は急速に超高齢社会になっていくわけです。いうまでもなくこうした急速な高齢化は、出生率の低下と平均寿命の伸びによるものです。

高齢社会の到来は、高度成長から低成長への経済環境の変化とも相まって、社会保障を中心にしたわが国の社会システムに大きな影響を与えます。生産年齢人口が相対的に減少し、高齢化に伴い、年金給付、医療給付などが増加することから、公的年金、公的医療保険の財政の悪化が問題になっています。さらに、二〇〇〇年より公的介護保険も導入されました。こうしたことから、租税負担率に社会保障負担率を加えた国民負担率が、今後著しく上昇していくことが懸念されています。

このため、社会保障分野における自助努力の強化の重要性が改めて認識されてきており、年金保険、医療保険、介護保険といった民間ベースの保険への期待感が高まり、損害保険会社にとっても、有望なビジネス分野になっていくことが予想されます。

3　損害保険市場の変化

(1)　商品開発競争

損害保険料率の自由化以降、損害保険マーケットにも具体的な変化が見えてきています。一九九八年七月、算定会料率の使用義務がなくなってすぐに、東京海上がＴＡＰ（Tokio Automobile Policy）という自動車保険の新しい独自商品を発表し、一〇月から販売を開始しました。これは従来の算定会制度の下で最上級商品といわれていたＳＡＰよりも担保範囲を拡大したいわば高級商品で、従来のＳＡＰは契約者が加害者になった場合の補償が中心であったのに対し、ＴＡＰはそれに新たに人身傷害補償保険を加え、契約者が被害者になったときの補償にも対応できる「完全補償型」の自動車保険です。

業界最大手の東京海上が、自由化後直ちに新商品を発表し独自路線を打ち出したことから、自動車保険を中心に各社による新商品開発競争が激化しました。その後、大手・中堅損害保険会社を中心に、おのおののコンセプトでの新商品を開発・発売しています。こうした動きは自動車保険のみならず、火災保険や他の保険種目にも波及していっています。

(2) リスク細分型自動車保険

自動車保険の新商品開発には、東京海上のＴＡＰのような補償重視の高級化志向のものと、次に挙げるリスク細分型自動車保険と二つの流れがあります。

日本におけるリスク細分型自動車保険のモデルともいえるのが、イギリスのダイレクト・ライン（Direct Line）社の自動車保険です。ダイレクト・ライン社は、ロイヤル・バンク・オブ・スコットランド（Royal Bank of Scotland）という地方銀行が一九八五年に設立した通信販売専門の損害保険会社です。同社は、コンピューター化されたアンダーライティングシステムを活用してデータを蓄積し、電話による保険申込者について瞬時にリスクを判定し保険料を提示する仕組みを作りました。代理店やブローカーという仲介業者を排して募集経費を抑え、さらに精緻なリスク細分型料率により、優良低リスク契約者層に対して低い保険料を提示したことによって急成長を遂げ、個人自動車保険では全英一位の損害保険会社に成長しました。

リスク細分型自動車保険では、文字通り年齢・地域・性別といったリスクファクターごとに保険契約者層を細分化し、リスクの低い層（中高年層など）には保険料を割り引き、事故率の高い層の保険料は高く設定しています。上記の外国損害保険会社は日本に強力な販売網を持たないことから、保険料の割引を強調した新聞広告やテレビCMを実施し、通信販売という手法で、主に低リスク層にターゲットを当てた保険販売を展開しています。業界内にはこうした戦略に対して、「いいとこ取り」ではないかという意見もあります。

イギリスでは成功を収めた通信販売によるリスク細分型自動車保険ですが、現在のところ、アメリカ・フランス・ドイツなどではそれほど浸透していません。後述するように、フランスのアクサ損害保険や、ソニー等も同様の手法で日本のマーケットに参入してきていますが、日本でどの程度浸透するのかを評価するには、もう少し時間がかかりそうです。

(3)　保険金不払い問題とその対応

自由化に伴う商品開発競争は、保険金不払い問題という新たな課題を生みました。二〇〇五年、一部の保険会社で自動車保険などの支払漏れが発覚したことを契機に損害保険各社が調査したところ、自動車保険や医療保険などにおいて、多くの会社で付随的な保険金の支払漏れや不適切な支払いがあったことがわかりました。また、火災保険料の適用誤りが多数あることも問題になりました。これらの問題の重要な原因の一つが、自由化による損害保険商品の多様化が急速に進み商品が複雑化した一方で、職員や代理店の理解が追いつかなくなり、また情報システム面の管理態勢の整備が後回しになったことであるとされています。

これらの問題を受けて、損害保険各社は、保険商品の統廃合、簡素化・平易化を通じた商品の見直し、顧客に対する説明態勢の見直し、外部専門家（医師・弁護士・有識者等）が支払査定を検証する仕組みの導入、保険金支払いに関するシステム整備、保険金支払業務に関する教育研修の徹底、といった経営改善、態勢の見直しに取り組んでいます。

(4) サービス競争

競争が激しくなってきているのは、商品面や価格（保険料）面だけではありません。保険契約者は、損害保険商品の価値を本当に理解するのは、購入時すなわち損害保険契約時ではなく、実際に保険事故が発生したときの損害保険会社の対応によって実感するものです。こうした、保険金の支払い等のサービスの面でも、査定網の整備、夜間、休日の事故受付・相談の対応などの面で競争が展開されています。

新規参入会社から見ると、商品性に工夫を凝らしたり、リスク細分型などの手法で保険料の差別化を行ったりすることは可能かもしれませんが、損害処理を中心にしたサービス体制を構築することは、膨大な投資コストがかかることになり、本当に市場の支持を得られるプレーヤーになるには予断を許しません。

自由化による競争激化の波は、損害保険会社のみならず代理店にもおよびつつあります。代理店は、単に損害保険会社の営業社員に代わって保険契約締結の代理を行うだけではなく、個々の保険契約者のニーズを的確に把握し、きめ細かい情報を提供し、適切な保険商品の選択が行えるよう助言したり、実際に事故が発生したときは、保険金請求などに関するアドバイスを行うなど、保険契約者に対するアドバイザリー機能・コンサルタント機能が求められていきます。損害保険商品の募集・販売面でも、通信販売という新たなチャネルが出現しました。産業・流通資本や金融他業態からの参入者は、本業での顧客データベースを有しており、それらを駆使して損害保険販売を行ってくるものと思われます。

こうした新たな競争の中で代理店が生き残っていくためには、市場・消費者から評価されるようなアドバイザリー機能・コンサルタント機能の発揮が不可欠になります。競争力を失った損害保険会社が淘汰されるように、代理店についても、顧客サービス等の面で付加価値を見出せない者は、やはり淘汰されることになるでしょう。

従来の損害保険マーケットは、算定会制度の下で、同じようなプレーヤーが同じような商品を単一価格で販売していたという市場でしたが、自由化後は、多様なプレーヤーによる多様な商品・サービスの時代になります。

従来は、損害保険会社が売りたい商品・サービスを、売りたい価格で提供していました。価格も損害保険会社のコストに利潤を加算した価格で、いわば供給者の論理が通っていたマーケットであったといえましょう。自由化は、市場の主権が、供給者の論理から消費者の手に移ることを意味します。供給者である損害保険会社・代理店は、消費者が求める商品・サービスを、消費者が求める価格で提供できないと、市場では生き残ることすらできなくなるかもしれません。

4　新規参入と業界再編の動き

(1)　新規参入

損害保険市場は従来から、産業・流通資本や外国には門戸が開かれていましたが、損害保険の自由化はビジネスチャンスの到来であるという見方が広がったためか、その後異業種や外国資本からの参入が相次いでいます。一九九八年の自由化以降の新規参入の動きを見てみましょう。

セゾングループは一九八四年からアメリカのオールステート社と合弁で損害保険会社を設立していましたが、一九九八年四月、独自にセゾン自動車火災保険㈱として再発足しました。セゾン自動車火災保険とは格安航空券販売のエイチ・アイ・エス（ＨＩＳ）が提携しています。一九九八年九月には、セコムが東洋火災海上保険㈱を買収し、現在はセコム損害保険㈱として営業しています。一九九九年七月にはフランスの大手保険会社であるアクサが日本にアクサ損害保険㈱を設立し、さらに、すでに生命保険事業には進出していたソニーも損害保険へ新規参入し、一九九九年秋にソニー損害保険㈱が開業しています。二〇〇〇年六月には三井物産など三井グループの企業が設立した三井ダイレクト損害保険㈱が開業しています。二十一世紀に入っても新規参入の動きは続き、二〇〇一年三月には安田生命とイギリスのダイレクト・ライン社が合弁で設立した安田ライフダイレクト損害保険㈱が開業しました。

安田ライフダイレクトは二〇〇四年に日本興亜損害保険の子会社になり、社名をそんぽ24損害保険㈱としました。現在はＮＫＳＪグループに属しています。その後も、二〇〇七年にはアニコム損害保険㈱（アニコムグループ）、エイチ・エス損害保険㈱（澤田ホールディングスグループ）、ＳＢＩ損害保険㈱（ＳＢＩ、あいおい、ソフトバンクの合弁）、二〇〇八年にアドリック損害保険㈱（アドバンスクリエイト、あいおいの合弁）など、新規参入は続いています。

こうした新設会社は、既存会社と異なり、日本市場に営業基盤を持たないことから、コールセンターやインターネットなどを活用した通信販売で、主にリスク細分型自動車保険などを低リスク層を販売対象に営業活動を展開しています。

(2) 損害保険会社の破綻

算定会料率の使用義務が撤廃され、商品・料率のカルテルが消滅した結果、商品・サービス開発競争、さらには付加率を中心にしたコスト競争はますます激しくなってきています。特に、新規参入者は、既存会社とは違った特色を出していくことが競争上も求められることから、新しいニーズ喚起も含め、新商品・サービス開発競争が加速されることになるでしょう。損害保険マーケットにも市場原理が導入され、既存会社も含め、損害保険会社の収益環境は一層厳しくなることが予想されます。

競争力を失った損害保険会社が淘汰されるというケースも出てきました。生保業界においては、一九九七年四月の日産生命の経営破綻を皮切りにすでに七社の生命保険会社が破綻しています。損保業界でも、二〇〇〇年五月には第一火災海上保険㈱が経営破綻し、損害保険契約者保護機構の発動の第一号になりました。二〇〇一年四月に第一火災の契約は損害保険契約者保護機構に移転されましたが、契約条件の変更により責任準備金が一〇%削減され、地震保険、自賠責保険を除く保険の保険金の一〇%が削減されています。なお、第一火災は保険業法の規定（法的解散事由）に基づき会社解散という事態まで追い込まれました。

さらに、二〇〇一年一一月には、大成火災海上保険㈱が経営破綻しました。同年九月にアメリカで発生した同時多発テロに関連する保険金支払いによって巨額の債務超過に陥ったことから、一一月に一般企業の会社更生法にあたる更生特例法の破綻処理を東京地方裁判所に申請したものです。安田火災と日産火災が大成火災の受け皿会社となり、更生手続が進められましたが、二〇〇二年一〇月に再保険部門を別会社に分離した上で、一二月一日に安田火災と日産火災が合併した損害保険ジャパンに合併されました。

(3)　損害保険会社の合従連衡の流れ

損害保険会社の合従連衡の流れも活発になってきています。一九九八年の自由化以降の一連の動きを表6－2にまとめてみました。このように大手・中小を問わず多くの会社が生き残りに向けていろいろな策を講じていることがわかります。

損害保険会社の合従連衡の流れを大きく整理すると、以下のようになるでしょう。

第一の流れは、合併・経営統合による大型化の流れです。合併・経営統合により、規模の利益を追求し、本社機能や事務システムなどを共有し効率化を目指すとともに、マーケットにおいて一定のプレゼンスを確保しようというものです。二〇〇一年四月に日本火災と興亜火災、千代田火災と大東京火災がそれぞれ合併し、日本興亜損害保険㈱、あいおい損害保険㈱が誕生し、さらに、同年一〇月には大手の三井海上と住友海上が合併し、三井住友海上火災保険㈱となりました。二〇〇二年に入ってもその動きは止まらず、四月には東京海上と日動火災が共同で持株会社㈱ミレアホールディングス（現東京海上ホールディングス㈱）を設立して経営統合しました。同じ二〇〇二年四月には日本興亜損害保険と太陽火災が合併しています。七月には安田火災と日産火災が合併し、㈱損害保険ジャパンとなりました。一〇月に破綻した大成火災が損害保険ジャパンに合併されたのは先ほど説明した通りです。

第二の流れは、中堅中小損害保険会社に見られるように、大手資本の傘下に入る、あるいは資本提携するというものです。一九九八年に、東洋火災海上保険㈱がセコムに買収され、セコム損害保険㈱になったことは説明しましたが、二〇〇一年四月に同和火災が日本生命の損害保険子会社であるニッセイ損害保険と合併しニッセイ同和損害保険㈱になり日本生命の傘下に入りました。また、二〇〇二年三月には富士火災がオリックスおよび米国ＡＩＧと資本提携を結び、二〇〇三年三月には日新火災が東京海上と資本提携を行っています。日新火災は二〇〇六年九月にミレアホールディングス（現東京海上ホールディングス）の完全子会社になっています。さらに、二〇〇三年四月には相互会社である共栄火災が株式会社化の上、全国共済農業協同組合連合会の子会社になっています。

合従連衡の流れについては、二〇一〇年になって、さらに大きな動きがありました。二〇一〇年四月に三井住友海上火災保険とあいおい損害保険並びにニッセイ同和損害保険が経営統合し、ＭＳ＆ＡＤインシュアランスグループホールディングス㈱が設立され、その傘下に入りました。あいおい損害保険並びにニッセイ同和損害保険は同年一〇月に合併し、あいおいニッセイ同和損害保険㈱になっています。また、同じ二〇一〇年四月に損害保険ジャパンと日本興亜損害保険が経営統合し、ＮＫＳＪホールディングス㈱が設立されました。こうして日本の損保業界は、東京海上、ＭＳ＆ＡＤ、ＮＫＳＪの三大メガ損保の時代になってきています。

再編の動き

	2011. 1時点	
	グループ・会社名	保険会社・子会社
	東京海上ホールディングス(2008.7にミレアホールディングスより商号変更)	東京海上日動火災
		イーデザイン損害保険
		日新火災
2010.4持株会社NKSJホールディングスを設立し経営統合	NKSJホールディングス	損保ジャパン
		セゾン自動車火災
		日本興亜損保
		そんぽ24
2010.4持株会社MS&ADインシュアランスグループホールディングスに経営統合	MS&ADインシュアランスグループホールディングス	三井住友海上
		あいおいニッセイ同和損害保険(2010.10あいおい損害保険とニッセイ同和損害保険が合併)
		三井ダイレクト損保
	共栄火災	
	富士火災	
	セコム損保	
	大同火災	
	朝日火災	
	ジェイアイ傷害火災	
	アリアンツ火災	
	日立キャピタル損保	
	明治安田損保	
	トーア再保	
	日本地震	
	−	
	アクサジャパン・ホールディングス	アクサ損保
	ソニーフィナンシャルホールディングスグループ	ソニー損保
	アニコムホールディングス	アニコム損保
	エイチ・エス損保	
	アドバンスクリエイト	アドリック損保

表6－2　主な業界

1998. 3時点	主な動き
東京海上 日動火災	2002.4持株会社ミレアホールディングスを設立し経営統合 2004.10合併、新社名「東京海上日動火災保険」
	2009.6営業開始
日新火災	2003.3東京海上と資本提携・業務提携 2006.9ミレアホールディングスの完全子会社に
安田火災 日産火災 大成火災 第一ライフ損保	2002.4安田火災と第一ライフ損保が合併 2002.7安田火災と日産火災が合併、新社名「損害保険ジャパン」 2002.12損保ジャパン、2001.11に破綻した大成火災を合併
セゾン自動車火災	1998.12HISと、2002.5安田火災等と資本業務提携
日本火災 興亜火災	2001.4日本火災と興亜火災が合併、新社名「日本興亜損害保険」
太陽火災	2002.4日本興亜損保と太陽火災が合併
	2001.3安田ライフダイレクト損保開業 －安田生命、英ダイレクト・ライン社など出資 2004.7日本興亜損保の100％子会社化 2004.10「そんぽ24損害保険」に社名変更
三井海上 住友海上	2001.10合併、新社名「三井住友海上火災保険」
三井ライフ損保	2003.11三井住友海上に契約移転
スミセイ損保	2011.1三井住友海上に契約移転
千代田火災 大東京火災	2001.4合併、新社名「あいおい損害保険」
同和火災 ニッセイ損害	2001.4合併、新社名「ニッセイ同和損害保険」
	2000.6開業－三井物産など出資 2008.7三井住友海上グループに
共栄火災	2003.4株式会社化の上、全共連の子会社に
富士火災	2002.3オリックス・AIGと資本提携
東洋火災	1998.9セコムが資本参加
大同火災	
朝日火災	
ジェイアイ傷害火災	
アリアンツ火災	
ユナムジャパン傷害	2004.1日立キャピタルの100％子会社化 2004.4社名変更 2004.4損保ジャパンが一部株式取得
明治損保 安田ライフ損保	2005.4合併、新社名「明治安田損害保険」
東亜火災	1999.4社名変更、新社名「トーア再保険」
日本地震	
第一火災	2000.5経営破綻
	1999.7開業－仏アクサ出資
	1999.10開業－ソニー100％出資子会社
	2007.12損保免許を取得
	2007.10損保免許を取得
	2008.3損保免許を取得

(4) 生損保の融合

従来は全く別々の事業であった損害保険と生命保険を融合しようという動きも出始めました。東京海上と日動火災とで設立したミレアホールディングスは朝日生命を経営統合して、生損保両事業の融合を実現しようとしましたが、二〇〇三年一月にその計画は見送りとなりました。しかしながら、ミレアグループ（現東京海上グループ）は、二〇〇二年六月に「超保険」という生損保を融合した新保険商品を発売し、また、生損保両事業を事業ドメインの二本柱にすることを発表するなど、生損保融合ビジネス実現に向けて動き始めています。

また、二〇〇一年三月に安田火災（現損害保険ジャパン）と第一生命は包括的な業務提携を行い、生損保商品の相互供給などを始めています。これは、合併や経営統合をしないで、生損保融合ビジネスの実現を試みている動きでしょう。

日本の損害保険はいまだ変化の途上にあります。各社がマーケットで創意工夫を凝らし、消費者から認められる存在にならないと、生き残ることすら難しい時代になってきています。

主要参考文献

長崎正造・高木秀卓編『損害保険読本〈第四版〉』一九九九年（東洋経済新報社）

木村栄一・高木秀卓編『損害保険概論』一九九三年（有斐閣）

東京海上火災保険株式会社編『損害保険実務講座1〜8・補巻』一九八三〜一九九七年（有斐閣）

真屋尚生『保険の知識〈第二版〉』二〇〇四年（日経文庫）

安田総合研究所編『損害保険入門』一九九三年（東洋経済新報社）

加藤修『現代保険概論』一九九八年（中央経済社）

井口富夫『現代保険業の産業組織』一九九六年（NTT出版）

竹内昭夫編『保険業法の在り方（上・下）』一九九二年（有斐閣）

安居孝啓『最新 保険業法の解説』二〇一〇年（大成出版社）

保険研究会編『コンメンタール保険業法』一九九七年（財経詳報社）

近見正彦・前川寛・高尾厚・古瀬政敏・下和田功『現代保険学』一九九八年（有斐閣）

山口光恒『現代のリスクと保険』一九九八年（岩波書店）
上山道生『損害保険ビッグバン』一九九七年（東洋経済新報社）
日本損害保険協会『日本の損害保険ファクトブック二〇一〇』二〇一〇年（日本損害保険協会）
日本損害保険協会・監修木村栄一『損害保険の軌跡』一九九五年（日本損害保険協会広報部）
広海孝一・塙善多編『保険用語辞典』一九九七年（日経文庫）
東京海上火災保険株式会社・明治生命保険相互会社編『保険用語辞典』一九九二年（東洋経済新報社）
保険研究所『インシュアランス　損害保険統計号―平成二一年版』二〇〇九年（保険研究所）
木村栄一・平澤敦・野村修也編『損害保険論』二〇〇六年（有斐閣）
東京海上日動火災保険株式会社『損害保険の法務と実務』二〇一〇年（金融財政事情研究会）

玉村 勝彦（たまむら・まさひこ）
1958年　東京都生まれ
1981年　慶應義塾大学経済学部卒
東京海上火災保険株式会社入社
融資部、経理部、業務企画部、東京海上研究所、営業サービス企画部、経営企画部、東京海上ホールディングス、東京海上日動あんしん生命保険を経て
現　在　東京海上日動火災保険株式会社リスク管理部・経営企画部
東京海上ホールディングス株式会社リスク管理部
著　書　『ワークショップ金融システム』（共著、ダイヤモンド社）
『現代日本の損害保険産業』（共著、ＮＴＴ出版）

日経文庫1240

損害保険の知識

1999年３月８日　１版１刷
2011年５月13日　３版１刷

著　者　玉村 勝彦
発行者　斎田 久夫
発行所　日本経済新聞出版社
http://www.nikkeibook.com/
東京都千代田区大手町1-3-7　郵便番号 100-8066
電話（03）3270-0251（代）

印刷　奥村印刷・製本　星野製本

ISBN978-4-532-11240-0